我的冤家 我的親

張慰慈 著

推薦序

「法供養」的文字盛筵

釋昭慧／玄奘大學宗教與文化學系教授兼系主任

慰慈寫了新書《我的冤家我的親》，其中自序與部分章節，個人有幸先讀為快。閱讀過程中，不是多愁善感的筆者竟屢屢潸然。

無論是對自我、人物的描繪，還是對事件、情節的敘述，慰慈總是毫無保留地投入豐沛的感情；但那不是狂熱的激情，而是在洞燭因緣後，對至親苦難的椎心之痛。例如：以至孝聞名的父親，對纏綿病床的爺爺大聲咆哮，昔日叱吒官場的爺爺，竟只能嗚咽以對。作為讀者的我所受到的強大撞擊，並非來自這些咆哮與嗚咽的動態畫面，而是對爺爺與父親心靈深處的劇烈創傷，生起強大的憐念憫傷。

慰慈引述佛門廣傳的「冤親債主」一詞作為此書課題。親眷比一般人自然緣深，但有時是因善緣而結親，有時是因惡緣而結親。前者今世重逢而積恩報德，這是善性循環；後者狹路再遇而積怨結仇，這是惡性循環。拋開這些無形的定理不說，一般而言，並非所有人都能幸運地生長在夫妻鶼鰈情深，父慈子孝，兄友弟恭的模範家庭；反之，基於親情與愛情，對彼此就難免有各種期待，一旦期待落空，就難免失落、沮喪，結怨、生惱。然則在「法爾如是」的生命流轉中，是否能揮刀截斷惡意螺旋之眾流？是否能就著積怨結仇的「逆緣」，轉化出積恩報德的「逆增上緣」？其關鍵即在洞燭因緣的智慧與憐念憫傷的慈悲。

一般而言，親眷之間的「怨憎會苦」與恩怨情仇，當事人大都不願曝光，遑論是在公開園地，向非親非故的視聽群眾和盤托出！在華人傳統社會，這可能是基於「家醜不可外揚」、「為長者諱」的倫理禁忌；在當代社會，則更涉及「隱私權」的倫理考量。慰慈將生命成長歷程的傷口扳開，瘡痂掰碎，那是痛不可忍的過程，需要很大的決心與勇氣；再加上前述倫理禁忌與倫理考量，要衝破這心靈與社會的層層網羅絕非易事——畢竟面對的是「非親非故」的廣大讀者，而非止於閨蜜、摯友間的呶呶宣洩。即此而言，慰慈之所以能衝破層層網羅，應是來自比層層網羅更強大的韌性與動力——「無緣大慈」與「同體大悲」，是對相識或不相識之讀者，虔誠奉上「法供養」的菩薩心腸。

推薦序

天命

張光斗／電視節目「點燈」製作人

認識慰慈的時間不長，先被她在臉書上的文字所吸引，覺得她很能寫，很敢寫，很用心地寫；然後發現她是虔誠的佛教徒，在宣講佛法的立基上，幾乎毫不隱諱地扒開自己的缺點與弱點，以佛法來痛下針砭，有如一位膽大藝高的外科醫生，自行剖開病體，鮮血淋漓地摘除病灶，投以藥石，然後又眉頭不皺一下的以針線縫合了傷口。

帶著幾許好奇，更多的是佩服她的勇氣與無畏，我敲開了「小院子裡」的大門，另一目的則是去請一尊琉璃藥師佛像。初次見面，才開聊了幾分鐘，就對她的個性下了定論——好一個「文如其人」。

慰慈極有原則，也很堅持，每天必在臉書上貼文；除了漢傳、藏傳的數位法師外，母親、兒子、文禮（工作夥伴）是她文字中慣常出現的三位立體人物。與疼愛的兒子，在意的文禮形成對比，只要提及母親，立即可以發現，母親就是慰慈今生的最大功課；這對母女的愛恨情仇，簡直比韓劇還要韓劇，比八點檔連續劇還要八點檔；母親由年輕時跋扈、好勝的強者，隨著年歲的踐踏與失智的碾壓，竟然換掉了臉部剛硬的線條，成了惶惶不安的哀哀弱者；至於慰慈？一路下來從不輕易妥協，與母親搶著扮演強者的她，卻在佛法的長期浸潤，外加禮佛的虔心跪拜，軟化了遇母則剛的心性，學會了向母親道愛，將「我愛妳」三個字，內化為佛號似地，隨時可以當著母親的面，佈施給一生渴望被愛著的母親。

　　慰慈的《我的冤家我的親》新書中，書寫的當然都是她最為在意的親人，以及所愛的人。讀著、讀著，我忽然好奇起來，知道替慰慈取名的是父親，原來她此生的天命之一，就是要學習如何與母親相伴，如何與母親和解；難不成，為她命名的親人，還是真人不露相的算命大師？

推薦序

總要回家

王錦華／《鏡週刊》人物組副總編輯

父母子女一場，在常見的公開論述上，我們習慣飲水思源、歌頌親情。殊不知以愛為名，多少扭曲和變異的故事假汝之名以行。慰慈老師這本書的珍貴之處正在於此，這是一本坦露真心的懺情錄，是一本殘酷之書，也是一本溫柔之書。

慰慈老師是我透過臉書結交的良師益友。身為一個虔誠的佛弟子，老師的臉書發文從頭到尾沒有一句廉價說教，反而經常檢視自己的起心動念。我尤其喜歡她記述自己與母親的日常互動，那種待老人如待兒孫的細膩親切，總讓我在焦渴的煩惱火中，生起一點清涼。

在這本書裡，老師細細補述家族女性的生命歷程，這才明白：此刻看起來很感人的親子互動，原來曾經很傷人。她坦承，自己在二十八歲時匆促走入婚姻，是為了離家，「更確切的說法應該是，我想逃離與母親在同一個屋簷下的生活」。彷彿對照，我們誰不曾在年輕時花盡力氣，用各種言行背離自己的家；相較於父子之間的對抗，母女之間的糾結又更幽微難解。

無論年輕時背叛得多麼厲害，人近中年，總要回家的。緣此，這不是一本清算歲月之書，而是一本關於如何回家的書。

我尤其喜歡書中〈媽媽的媽媽〉那一篇，小說中的第一人稱是我，第三人稱也是我。充滿了之知智慧的「我」，對著無明的「她」說，試著去做「媽媽的媽媽」。這不就直截了當說明：與母親和解，其實就是與自己和解。

看了這本書，我非常喜歡「素娟」——也就是老師的母親。在那個純樸的年代，竟然有這樣一個愛穿大紅色衣著，永遠熱情洋溢，勇敢追愛的女人，就算連恨，也是大剌剌的。

我還記得第一次見到慰慈老師時，她給了素昧平生的我一個好大的擁抱。那如大太陽般的熱情，很快融化了我當時被無明和恐懼綑綁住的心。親愛的老師，這就是命運的殘酷及溫暖之處呀，素娟的熱情其實一直在你的血液之中。

這本書巧妙地用家族女性的名字來分篇，「潤蓮」、「素娟」有各自的時代，以及屬於這個名字、不同的命運召喚。非常幸運與「慰慈」身處同一個時代，老師的名字之中安慰、慈悲的意象，總給我一種「大地之母」的聯想。推薦大家閱讀這本書，你一定也會感受到慈悲擁抱的溫度和力量。

前言

來討債的孩子

第一次看見「冤親債主」這個名詞是在法會的報名單上，記得進入眼簾的第一刻是那麼讓我感到不寒而慄與毛骨悚然。

然後，我自己查詢了關於佛教經典《梁皇寶懺．解冤釋結第九》中寫道：「又復六親，一切眷屬，皆是我等三世怨根。一切怨對，皆從親起。若無有親，亦無有怨。若能離親，即是離怨，何以故爾？若各異處，遠隔他鄉，如是二人，終不得起怨恨之心。得起怨恨，皆由親近。」這就是我拜懺的開始……

從小，我就被喻為是一個「生來討債」的孩子。十歲時，最疼我的奶奶過世，接下來的童年、少年、青年、成年甚至到了中年，父母與我的關係一直處在極度對立的狀態，他們對我莫可奈何與諸多嫌棄；我對他們則是與日俱增的灰心與憎恨，一直以來，讓我們的關係像是邁向懸崖峭壁的不歸路。我腦裡經常盤旋的一句話是，媽媽曾對我說：「我真希望能親手掐死妳！」我曾經無數次嘗試要轉變和父母的關係，但只是換來更多的傷心欲絕，因此我沒有想積極再為這段關係做什麼努力，甚至，這樣的親子關係，讓我對於「被愛」這件事帶著恐慌與不安，以至於在前半生裡，面對愛情和婚姻時，如同被詛咒般地崎嶇難行。

二〇一〇年，對我來說是解冤結的開始。第一次接受父親的召喚回到台灣，在此之前，為了逃離與父母的相處而在海外漂泊了十多年。但是回國後，發現自己與雙親的和解仍是力有未逮。直到二〇一五年，因為父親中風，我和雙親的關係才出現重大的轉捩點。父親病重倒下到他離世前的九個月中，我第一次深刻理解了他在死亡面前，對我的慈愛與軟弱。當時，我已學佛多年，雖然中風讓父親已不能言語，但從他的表情示意中我看到他在人生最後階段裡對我的渴望與倚賴，甚至臨終前把雙手交付給我，要我牽著他的手，陪伴他走完人生最後的一段路。父親的離世，讓今生的我們不再只是父女，還成為法友。他在病倒前，曾主動向我要過一串念珠，他這輩子幾乎沒開口向我要過什麼，開口要的我多數又做不到，並告訴我希望有一天能帶他去皈依，而我與父親的和解，以及圓滿他的心願，是在離世後的頭七，他的肉身火化前完成。

父親的離世，讓我無法逃避與沒有其他選擇的情況下，承擔照護母親的一切責任，這樣的生活變動，使得我幼年成長至今，一直沈澱心中的痛苦記憶再次不斷湧現。像是一場冤親對決，終究逃不過命運安排的狹路相逢。

寫這本書的動機，原本是想紀錄與父母的關係，讓我的人生如同翻山越嶺的艱苦路程，這些因為臍帶與我生命相連的至親到底如何讓我從一個生來討債的小鬼，轉化為回家報恩的子孫之真實的故事。

為什麼要把這些不堪的記憶寫出來？因為我發現身邊許多家庭都面臨著類似的難題與困境，「來討債的」與「欠債的」，原本應該是在愛裡相遇，但是卻用恨與痛苦的輪迴，如身處地獄般地相互折磨。佛法裡的人生境遇未必如童話故事都有幸福美滿結局，而我只希望透過自己痛與愛交織的故事，讓在身陷冤親債主人生課題的你，作為借鑑，進而走向和解之路，願在來生能與快樂重逢。

目錄

Chapter 1 她們

她們是我的奶奶和母親。我寫了名字但沒有放姓氏，因為當時所處的年代，女子出嫁後便沒了娘家女兒的身分，從此只有夫姓……，也開始了身不由己的一生。而我差一點也就此墜落，還好最終成了這個舊俗的漏網之魚。這裡是從我眼中看到與知道的她們。我希望她們能做一回自己，跟女兒無關，跟夫家無關，跟子女無關，好好的只做自己。這兩位與我有著血親關係的女子，揭開了這一生我對「愛與恨」，「情與仇」，大半生的緣與業。

潤蓮

潤蓮是我的奶奶，本家姓邱。聽說邱姓人家是當地的大戶，邱家的父執輩們都身掛國民黨內不低的官銜，在地方上頗具威望。為什麼潤蓮會成了張家的媳婦？據說是奉父母之命嫁給了當年被喻為青年才俊的梓材先生（我的爺爺）。她出生於民國五年，當時的身分證上仍有籍貫一欄，上面寫著湖北省某縣，姓名全名則是張邱潤蓮。

印象裡，潤蓮的個子不高，約一百五十五公分，背微駝，除了旗袍外，我幾乎沒有看過她穿其他款式的衣衫。偶爾，她會在旗袍斜襟上掛上一、二朵從院子裡摘下的玉蘭花或桂花，平時居家幾乎不施脂粉。奶奶的腳很小，因為曾經歷裹小腳的年代，但幸運的是她參與的時間不長，後來社會推動放足斷髮運動，她的小腳沒有成形便被鬆綁，但不免還是影響了她的腳部發育，所以，我記得奶奶的鞋子幾乎都需要訂做或是購買童鞋將就著穿。

奶奶燒得一手好菜，逢年過節，餐桌上必會出現珍珠丸子、蛋餃、手工魚丸等美味佳餚，都是她親手製作，所以我到上大學後搬到台北之前，從未吃過外面賣的冷凍蛋餃。後來才知道那些家中過年不可或缺的菜式都屬於湖北地方菜系。

關於吃穿，奶奶對我的需索幾乎有求必應。我童年時期穿的很多美麗衣服都是由奶奶巧手縫製而成。至於日常吃喝的點心，更是不在話下。在我眼裡，奶奶是萬能的，更是我倚靠的港灣。

年輕的時候，我不懂也沒想過奶奶是不是很寂寞？因為她倚賴一輩子的伴侶，也就是爺爺，在省政府任職，除了朝九晚五地上下班，下班後經常還有許多額外的應酬，和奶奶相處的時間並不多。

爺爺奶奶都還在世時，印象中，我很少看到他們之間有對等的談話，因為那個年代的男性，是一家之主，多是用命令式的口吻與家人互動。爺爺總是發號施令，奶奶則是應聲後，就安靜地完成爺爺交代的事情。

同一屋簷下的幽微情結

爺爺和奶奶共生了兩子一女，其中兩位兒子（我的父親和叔叔）都在青年時就離家，並留在海外工作與定居。只有我的姑媽，工作和嫁娶都在我家附近，還會經常回來探視。

　　姑媽只要一回娘家，一定會和奶奶關在房裡說悄悄話。儘管我從小到大，幾乎沒有從奶奶口中聽到任何一絲對我母親的評論，也沒看過婆媳與妯娌之間，有發生過什麼衝突或不快，但是卻能明顯地感受到奶奶、姑姑和母親之間關係的疏離。因此我的母親經常向父親或是我抱怨，她覺得自己在這個家中處處顯得格格不入。儘管當時我年紀小，不明就裡她們之間的幽微情結，但是依然能感覺到母親和我們不是同一個國度裡的人。

　　奶奶在我十歲那年，因為腦溢血過世。我非常地傷心，感覺頓失依怙，因為我知道如果日後因為調皮被母親責罰時，再也沒救兵可以搬了。奶奶是我心中的大山，雖然只為我遮風擋雨了十年，但是十歲之前與奶奶相伴的童年生活，是我與親人共同生活的歲月中，最溫暖的一段記憶。

奶奶過世前，因身體不適住院，但健康情況已逐漸康復，就在準備要出院返家的前一天夜裡，病症突然復發離世。原本全家帶著雀躍的心情要迎接她返家，但是沒有想到竟會突遭變故，讓家人覺得震驚與措手不及。奶奶猝逝是我第一次見識到生命的無常，第一次感受到死神的造訪，第一次嚐到死別帶來的痛苦。

為了怕影響父親海外的工作和心情，爺爺下了封口令，不准母親通知父親，而在美國的叔叔工作請假不易，於是家中兩位男丁，都來不及回來奔喪。到我這一輩沒有男丁，於是我以長孫女的身分披麻帶孝，在告別式上時，由我跪在地上代表家屬答禮。

潤蓮就這樣走完了她的一生。從掌上明珠，到嫁為人婦，再因戰亂跟著丈夫舉家逃離故鄉。奶奶再沒有機會回到自己的老家看過一眼。幼年時，奶奶常會跟我提起她小時候的事，現在回想，我明白這一場人生路對她來說有著許多的遺憾。

人生是這樣的無常。甚至許多當年的「我以為」都可能在若干年後發現：原來都是一場騙局。人生如夢……

潤蓮的愛情

「嫁雞隨雞，嫁狗隨狗」這句俗諺，在上個世紀，是許多女性一生命運的寫照。當時，才八、九歲的我，雖然還不知道愛情是什麼樣子，但是，我幼小的心靈一直認為爺爺奶奶是對恩愛的夫妻，家中也是父慈子孝的景象。尤其在奶奶離世的第一年，又因為爺爺對於失去伴侶後的哀戚表現，讓我更加肯定了自己當時的評斷。

很小，我就有自己獨立的房間，所以從不需要就寢時有人陪伴，但是，奶奶離世後，母親做了一件讓我終生不能諒解並始終被陰影盤據的事——就是她以爺爺需要陪伴為由，在對我沒有任何告知的情況下，擅自把我的單人床塞進了爺爺奶奶的大房間裡，爺爺的雙人床和我的單人床是以床頭對床頭呈現了直角擺設。

奶奶過世後的前幾月，幾乎每天半夜，爺爺都會說夢話，並以哀嚎的方式哭泣不止。這對一個剛滿十歲的小女孩來說，原本是要好好休息的長夜，變成了獨行在迷霧般森林裡的驚恐。

當時父親還沒歸國，我心裡只覺得是被母親推入火坑，而且她無視我的抗議與求救，還不停地訓斥我不懂事。當時，我沒人可倚靠和投訴，數十年來，我都還記得那段時間夜半的恐懼與無助，而造成這個境遇的竟然是自己的母親，更讓我憤憤不平的是，她用強迫我去陪伴爺爺的方式，換來在親友鄰居面前被稱為「孝順媳婦」的名號。這也是我的前半生憎恨她很重要的原因之一。

但，我心裡想的是爺爺果真如此深愛著奶奶，竟對她的離去這般思念？莫非奶奶每天夜晚都會從夢中回來尋夫君了吧？小時候，喜愛聽鬼故事的我總在半夜被爺爺嗚咽聲驚醒後，禁不住伸出手，不停地拍打他的臉，一巴掌，兩巴掌……直到他醒來，並且止住哭聲為止。

「原來深愛一個人是這樣?!」當時我這樣在心裡告訴自己。

父子的水火不容

張家的男人都愛攝影，記得我上小學時家裡有設置一間暗房，給父親和爺爺沖洗自己拍下的黑白照片使用。同時在我四、五歲時，就有不少家人出訪時合照的彩色照片。尤其家中的兩老更單獨留下不少人生紀錄，他們合照時也總不乏那些深情對望的鏡頭所拍下的畫面。

我也因為思念奶奶常常會翻閱這些相冊，這時如果父親在家他總會指著這些照片冷哼一聲：「裝模作樣！都是虛假。」我一直都不明白，為什麼家中兩位男性長者的關係似乎一直都是水火不容。他們都有一樣的嚴肅面孔，還有一樣難搞的AB血型。以至於我雖然不解但從不敢多問。只記得以前父親休假返家總是對奶奶噓寒問暖的，特別體貼。奶奶也總在此時特別的開心。而父子相處時則剛好相反，這個背後的真相一直到我二十歲後才在我面前揭開。

父親在奶奶去世半年後，適逢休假才回台，據母親告訴我，當時父親下了飛機步出機場時，才從她口中得知了奶奶去世的消息，當場痛哭失聲，我只記得他回到家時（那時我們還住在中興新村的老宅裡），是從院子外就跪著一路跪走進屋裡給奶奶上香的。當天晚上我聽見裡屋傳出父親的咆哮聲：「那是我媽，你憑什麼不告訴我。你對得起她嗎？我為了養家離開媽媽，你這樣做對我公平嗎？」當時我被嚇壞了，我不敢進去只在客廳搖著母親的手臂問：「爸爸在罵爺爺嗎？為什麼？」母親伸手摀住我的嘴，用眼神叫我別出聲。那晚我堅持不跟爺爺回屋睡覺，硬是去擠爸媽的大床。父親回來了，母親這次沒有堅持，那一晚，我終於無須被爺爺的嚎叫聲驚嚇，而安心的睡下了。

半年後父親再度回到了海上，我又開始可以天天去翻相冊一解思念奶奶之情。「妳看，爺爺對奶奶真好！」我指著一張他們手拉手的照片想獲得母親的認同，但她始終沉默不搭理我，臉上也看不出什麼表情，我只能悻悻然的不再言語。就這樣七年過去，在這期間爺爺退休了，不再需要每天西裝筆挺地去上班，更多的時間他都留在自家花圃裡打發時間，季節變換遇到花開時，他常喚我前去：「福福（我的小名）！妳看！玫瑰花開得多好！這是你奶奶最喜歡的花。」我看著艷紅的玫瑰，覺得爺爺很可憐，我懂那種思念之苦，心裡裝滿想念的人又見不著，當下我竟然就默默流淚了。

高二那年夏天，爺爺中風倒下，母親迅速往國外發了電報，父親在很短的時間內回國。平日神采奕奕總穿著長衫風度翩翩的老先生，變成了眼歪嘴斜的半身不遂患者。於是父親向公司轉調回地勤，他風塵僕僕地回國了，也是這個原因，我們有了較多的相處機會。也正式揭開了奶奶這一生在愛裡浮沉的真相。

因為我出生在南投中興新村，所以打小一直在村子裡的學校就讀。奶奶過世後，父親選擇將她安葬在台中東海大學對面一個非常美麗的墓園裡。雖然離家有些距離，但畢竟都在中部，車程不算太遠。父親回到台灣工作後，我們一家常常上山去墓園祭拜奶奶，包括坐在輪椅上的爺爺。無論哪次去，爺爺都會在奶奶墳前哭得涕淚縱橫。這

種重複的場景讓我很害怕面對，即使隨著年紀增長，也絲毫未減心中的恐懼。（印象裡，在我成長過程中爺爺是家中最愛哭的人）

爸媽在場時，從來不上前勸說，有時姑媽偶爾同往，也只是默默地站在身後。更多時候，父親總是在此時把臉拉得老長，獨自在金爐前為奶奶燒去一盒又一盒的金銀元寶，並很小聲地說著他要跟奶奶說的話。偶爾我聽到些隻字片語：「他來懺悔了。您要原諒他嗎？我給您燒的東西夠不夠用？還想要什麼您告訴我。」然後獨自默默的流淚，我不知道父親口中的「他」是誰？也不敢多問，母親只是告訴我：「爸爸在跟奶奶講話，妳不要過去，讓爸爸好好陪陪奶奶。」

老相本裡的真相

我在二十八歲時出嫁，我的爺爺還在世，但因為右半身癱瘓，所以他長期胸前掛著圍兜兜，以防不時滑落的口水滴落，他只是伸出可動的左手摸摸我的臉，而我向他跪地磕頭後才跨出的門。但其實這是一樁不受我父母認同與祝福的婚姻。留待後話再續。

出嫁前的幾個晚上，我一直在重溫翻閱家裡的老相本。裡面有父親與姑媽和叔叔小時候的照片，也有爺爺還在大陸時著軍裝騎在馬上的英姿（他是文官兼軍銜）。奶奶自己的獨照很少，幾乎都出現在全家福的合照裡，或單獨是和子女的合照裡，再就是一些我不認識的女士們的照片。有一晚父親在晚飯桌上喝了點酒，飯畢他來到我的房間一起坐在床沿（我們父女倆很少這樣的親近），他一一指著照片，告訴我他記憶中的美好與曾經艱苦的歲月（逃難時的經歷）。每每看到有奶奶的合照，他就會停頓一下，再開口時多少都有些哽咽。突然，他就生氣了，聲音提高並有些顫抖。我這才抬頭看他，看見他的目光落在那一堆不知名的女士們的照片上，但我不敢問，又把目光放回老相本上，安靜地等候……

「其實，我小時候有段時間因為妳爺爺在山東工作，所以我們全家都跟著過去。那時候出門很威風，都是騎馬，並由爺爺的副官陪同，他們身上都還掛著核子砲，很嚴謹的安全防備（我聽的張大了嘴巴不敢置信）。但是不確定是被誣陷，還是真有其事，有天妳爺突然被執政府抓了去，說是他參加了共產黨（我下巴驚的要掉下來了）。妳奶奶在家哭得肝腸寸斷，又跑回湖北向那些也在政府機構工作稍有點權勢的娘家人求救。」然後父親突然停下了敘述。我忍不住抬頭並低聲的問：「然後呢？」父親難得慈愛地拍拍我：「大半個月後爺爺被放了出來，大病了一場，奶奶衣不解帶地在身邊照顧。六十天天後爺爺可以下床了，奶奶卻瘦成了皮包骨。」說到這兒父親眼眶又紅了。

「奶奶為了這個家做出了這樣的奉獻，好偉大啊！難怪她走了，爺爺這麼捨不得」，我不禁做出了這樣的評論。但是父親這時卻搖搖頭，欲言又止的說：「妳奶真的很愛這個家，但是妳爺可不是捨不得，他是心中有愧！」然後父親沒再言語走出了我的房間，只留下心中滿是問號的我。

奶奶的愛情，我從這些許片段中也只能窺探一些碎片，怎麼也不能拚出一個全貌，她又走的早，我沒法親自從她口中得知一個確切的答案。但我寧可相信她和爺爺是神仙眷屬，剛要嫁人的我還無法分辨愛情與愛的關係與差別。

我待在娘家的最後一個晚上，母親到我房裡，諄諄教誨著嫁入婆家後應該要有的禮數種種。趁機我提起了前一晚父親欲言又止沒談完的話題。「您知道嗎？到底是什麼原因？」我問母親。

「妳爺爺被放出來後，沒兩年便惹了不少桃色糾紛，奶奶傷心欲絕，差一點喪命。讓妳爸最不能諒解的是，這些對象裡還有妳姑媽的同學。」我幾乎不敢相信自己聽到的這段話，竟然看起來的恩愛夫妻之間還有這段往事，更無法相信一直看起來溫文儒雅的爺爺會如此造作傷害家人（直到我從書本上認識了徐志摩的愛情故事）。

「好了，明天是妳大喜的日子，不要再聊這些不堪回首的往事。」母親於是起身離開，要我早點休息。那一晚，我失眠了，家人都睡後，我在奶奶遺照前站立許久，我問她：「您好嗎？您會恨嗎？您還愛著爺爺嗎？我明天要出嫁了，請您給我祝福！」

潤蓮的廚房

據說奶奶和父親他們三個子女是搭上最後一班船到台灣的，爺爺則是先跟著政府全數撤退從高雄港上岸後，再請副官回南京接這一家老小的。因此剛到台灣來時全家在高雄生活了一段不算短的時間。

我從來不知道生為以前大戶人家的小姐，在家中能使喚的傭人無數，她是從哪裡學來的好廚藝的？母親曾私下告訴我，剛認識父親時，父親家生活很是辛苦。因為那時爺爺第一次中風，留職停薪臥病在家。從大陸帶來的盤纏與金子，來時在船上為了減輕超載的重量，全數被要求一起丟進了海裡。那時父親才十六歲，來到台灣上高中。奶奶便在家一樓開了一個小賣鋪，賣自己做的各式各樣的醃菜（黃瓜、蘿蔔、菜心等應有盡有），還有自己做的包子、饅頭、煎餅……，就是依靠幾毛錢幾毛錢的積攢，一點一滴地存起來，照顧這一大家子人的生活，直到爺爺康復回到省政府工作，全家生活才慢慢好轉起來。

我在省政府所在地出生長大，這是一個和一般軍人眷村稍有點不同差異的聚落。村子里的居民大部分是政府機構的公職人員和教職，相對經濟條件穩定豐厚一些。那時爺爺在秘書處工作，是政府的一級單位，每天有專車來接，西裝筆挺地去上班。

可能是爺爺個性喜歡熱鬧，也可能是工作需求，家裡常是高朋滿座，尤其假日時，家裡總有兩桌麻將（一桌是爺爺同僚，一桌則是官太太們），這中間要時時伺候點心，湯水。所有的安排都得由奶奶坐鎮指揮與參與，家中能打下手的只有一個名為阿玉的女傭和嫁入張家的母親。從午餐到宵夜加起來，至少有十多人的吃喝要打理，一天中有四、五回合的更換。據母親的形容一整天下來，廚房如戰場，深夜大家散去後，還得收拾杯盤狼藉的碗盤。

這樣的生活，即便當時只有四、五歲的我至今仍記憶猶新，只是對一個孩子來說，家中熱鬧起來都是有趣的，更何況孫子輩的我總是不斷收到贏家打賞的紅包，我穿梭在廚房與客廳之間，時不時還會被奶奶塞進一口剛出爐的點心，有時是一勺紅豆湯，或是一粒酥炸丸子、一個炸茄盒。我只顧著自己的快樂，絲毫沒有感受到家中女眷的辛勞。

後來，有次我剛好撞見奶奶正在對母親叮嚀：「我知道妳累了，其實我們都很累，但妳知道男人在外走南闖北，我們得顧著他的面子，這也是我們婦道人家該給予的支持，也是我們唯一能幫到他的。妳懂嗎？」只見母親點點頭，又回到爐子前顧著火。在我的印象裡，奶奶在世時我從未聽過她對這個家庭有過抱怨，即使爺爺在愛情上的背叛，也沒有影響她的付出，或是對爺爺擺過臭臉，母親說奶奶是個很內向的人（但我從不覺得，因為她跟我總有說不完的話。）

招牌公關菜——鰱魚丸

在奶奶拿手的眾多菜品裡，讓我印象最深的是一道「鰱魚丸」，因為很費工，不到過年平日很難吃上一回。但這真是到目前為止吃過最鮮美的湯品了。只用清湯做底，待手工無添加製作的魚漿用手擠成丸子下鍋，浮起後再燙一把大豆苗點綴，湯裡只加鹽調味，就可比天上王母娘娘壽宴上的佳餚。

據說這道菜早已在爺爺辦公室擁有盛名，所以爺爺總會在年前統計好要送出去做公關的數量，希望奶奶趕出來給朋友們送去，後來母親回憶說：「那時從過年前兩週就要開始備菜，也是從那時候開始我們會如同在地獄生活。」

鰱魚丸的魚漿製作非常繁複，因為和奶奶親近，她每回製作時，我都在旁看著，所以至今仍歷歷在目。一條鰱魚買回來洗淨後先剖成兩半，然後用刀尖一點一點地把魚肉刮下來（所以刮下來時已是泥狀），中途還要注意跟著脫離的細刺，一一須將它挑出。最後重頭戲來了，一邊加水一邊快速用手不停的往一個方向攪拌，這樣水就一點一點地打進魚漿裡，一點都不會外漏，聽說打得越久，就會決定魚肉後來的彈牙程度。

奶奶有風濕，加上我們住的是平房，就常患痛，遇到要做魚丸時，總是看的出她的疲憊。有一年剛好父親在家過年，那次爺爺開出的名單特別多，奶奶趕著做沒有休息，父親衝進廚房，一手拍掉奶奶正在製作的一盆魚漿，逕自拉著奶奶回房休息，然後又衝進客廳朝著爺爺嘶吼起來，這對父子就這樣起了很大的衝突。「你怎麼這樣自私？你能不能心疼心疼媽媽？」幾十年過去，我似乎從我兒子身上看到那個為母親要和父親拚命的男孩。

聽不清爺爺後來說了什麼？只見他甩門而去，發出很大的聲響。父親才又進到奶奶房裡去了，輕聲的對奶奶說：「您要休息，手疼吧？別做了。」奶奶搖搖頭對父親說：「你別這樣對你爸講話，他心情不好，主管缺被袁伯伯占了去，他嚥不下這口氣，我能幫他的也就只是這一點了。沒事的，整個家也就只有這個廚房裡的事他能聽我的。沒事的。」然後我看到父親流淚了。

除夕到過年的忙碌

家裡的廚房最熱鬧就是從除夕夜前兩天開始，那幾天即使夜裡屋內都是燈火通明的，大灶上總疊著好幾層的大蒸籠，然後家裡的女眷都要輪班守著火，姑媽嫁在附近，騎上腳踏車，也不過十分鐘的距離，所以有時也會來加入，然後我的表姊和表弟這時就會一起跟來，就更熱鬧了。

蒸籠裡有花捲、有饅頭、有肉包子，也有三角形的豆沙包，全出自奶奶的手，蒸好的這些麵食，都會在天亮時出籠，然後一一分給左鄰右舍，饅頭上都鑲著大顆紅棗，很有喜慶的氣氛，整條街幾乎沒有和我們不相熟的鄰居，因為幾乎都是爺爺辦公廳的同事，家眷們總是這樣禮尚往來。有時站在院子裡大喊一聲，相鄰三、四家都聽得到，我常是那個小小傳令兵，我大喊一聲「二十一號（我家門牌）的饅頭出鍋了！」各家的奶奶或是在家的姑姑們都會出來替我開院子的門。

奶奶的廚房一直像一個魔法屋，奶奶則是神仙婆婆，我常常夜裡起來好幾次，想到就往廚房跑。每次都有驚喜，從不失望，這也是我這一生至今最溫暖的一段記憶。

有一年元宵節奶奶替我買了一個小兔燈籠（我屬兔），陪我出去提花燈，因為附近的孩子都比我長一輩，而我班上的同學都離我家有段距離，我常感到特別孤單，這時奶奶就會帶著我出門蹓躂，那天我一時興起問起：「奶！爸爸為什麼老和爺爺吵架？」晚上風大我的小兔燈被吹的在黑夜中晃動起來。「娃兒！妳長大了要孝順父親喔！他為了這個家長年在海上工作很辛苦的。所以他脾氣不好不是沒有原因的，他老是為了我和爺爺吵架，是因為他很愛我啊！」我似懂非懂的點點頭接著問：「那爺爺每次叫妳做那麼多事，自己都在玩（爺爺應酬很多），妳都不生氣嗎？」奶奶臉上的表情看不清楚，只聽見她不慍不火的對我說：「是很累，但不生氣，因為我愛他也愛這個家啊……！以後妳也會遇到一個自己很喜歡很喜歡的人，到時妳就會知道了。」

這段話在我心裡躺了二十年後，終於懂了。只是當年代慢慢地開始轉變，關於「愛」這個課題有了不同的詮釋。

潤蓮的大半輩子的時光都消磨在廚房裡，十分辛勞，但這卻是她對自己的夫君與家人表達愛意的地方。母親說的沒錯，奶奶的確比較內向，我沒聽見她斥責過誰，也沒有聽她抱怨過什麼。在她短短五十多年的人生裡，難道就沒有一點遺憾嗎？那個深愛的人在愛情裡背叛了她好幾回，就沒有一絲怨恨嗎？答案隨著她的離世而一起入土了。

【愛的力量】

到現在我始終不知道爺爺奶奶之間是否有過真的愛情？

爺爺當年非常英俊瀟灑，又值官運運亨通的上升期（但聽說我太爺爺家生活清苦，環境不好）。奶奶不算是美女，但是來自大戶人家，知書達禮，下得了廚房上得了廳堂，娘家在地方的勢力成了她最豐厚的嫁粧。這樣的結合是各取了所需？有愛情嗎？但愛情又是什麼呢？因為當我慢慢經歷了人生中的風雨後，就懂得了奶奶的一切源自於「愛」，但也許和愛情無關。那個真正有力量的是她無怨無悔的付出。也許爺爺以前做了很多對不起奶奶的事，但我相信那樣悲傷與淚流的場面，不是虛假的作戲。即使佳人遠去，但相信奶奶在天之靈是安慰的。即使有過互相欠債的關係，終將作了和解。

解結的開始，先要從放下那些怨的，恨的，甚至接受來到面前的一切（我常想那個年代對女子的教育也在和解路上幫了很大的忙），而懺悔是啟動和解更重要的一把鑰匙。我的爺爺半身不遂的躺了十三年才離世，這一場長長的折磨就在真心的懺悔中圓滿了這一生。

當誰欠了誰的答案不再重要時，我想就是一個新的旅程重新開始的時候了。不再墮入輪迴中，和解也是一個能化解冤仇讓彼此好好說再見的方式。因果兩清，就是業力消散的時刻。

Chapter 2
愛裡的恨

父親走後，我沒有在家裡找到父親寫回來的信，母親有留下嗎？到底是誰愛誰多一點呢？母親心裡那些撫不平的皺褶，每一道痕跡裡的愁苦真的是父親愧對了她的深情嗎？還是只是母親因缺愛而需索無度的討要，讓兩人最後都筋疲力盡了呢？

素娟

她是我的母親，本家姓陳，是一個生在海港的女兒，家中有一位哥哥，一個姐姐，兩個妹妹，她是行三，透過她自己的話來說就是那個夾在中間，最不受待見的孩子。從過往留下的照片看起來，母親年輕時，皮膚黝黑，長手長腳（約有一百六十一公分高）。有著大眼和大嘴標準的高雄姑娘，笑起來一口牙雪白雪白，除了膚色包含性格都承襲了南部姑娘的熱情。民國二十六年生，所以幼年接受過很短一段時間的日式教育，而後台灣就光復了。

據母親描述，自己是家裡最會念書的孩子，但是因為經過日據時代，我的外公做生意失敗，所以家中環境十分清苦，除了唯一的舅舅繼續念完高職外，家裡四個姊妹都只有念完小學就外出工作養家了。她總是形容給我聽當時的她有多獨立，因為外婆長期有氣喘的舊疾，需要很多錢購買藥品，所以她很早就擔負起養家的工作（包括供哥哥念書）。

母親是一個很健談的人，我自小就聽她絮絮叨叨敘述著自己幼年時的辛苦，感覺她的才能都是因為生在這樣的家庭被埋沒了。後來想想，她應該在幼時就在心裡埋下被父母不公對待的心結。

母親和父親的緣分受著台灣歷史的演變軌跡而影響，進而相遇。

因為爺爺當年追隨陳誠先生撤退來台，從高雄港上岸，因此父親從青少年時期就開始在高雄落地生根。母親工作後進入了一家當年名為高雄機械公司的半國營單位擔任工友的職務（我的父親後來也到任這家公司服務）。她說自己沒有學歷無法作文員，但從來沒有因此自暴自棄，又因為公司離家有段距離，每天起早騎自行車還得走好大一段路才能抵達辦公室，後來一個機緣，她爭取每晚留下來加班學習中文打字（早些年的中文打字機好大一台），然後一直要到晚上九、十點再摸黑騎一個多小時的車回家，後來如願以償，晉升成公司的打字小姐。她和我說起這件往事時，兩眼是放著光的，「後來連公司總經理的文件都指定要我打。」這件事在往後的日子裡反反覆覆被提及，以此可以想見她多麼以此為榮，並且也展露了她獨立好勝的個性。

未曾抹滅的少女心

母親說以前她每個月的薪水多數都要拿回家交給外婆，剩餘下的就沒多少可以運用了，「我幾乎全數盡量節省下來去買電影票，看電影是唯一能讓我擺脫現實困苦生活的一個慰藉與興趣」，她當時這樣告訴我。而且她說只愛看外國電影，那些浪漫又美麗的愛情故事是這麼的敲打著她的心。那時候的台灣經濟條件普遍不好，但是少女的心就是依靠著國外的文化文明率先為她描繪了一幅美麗的藍圖。

長大後，從我的舅舅與阿姨們的口中得知，母親一直都是家裡最好強、好勝的一個，那時大阿姨愛漂亮，舅舅體弱多病，三阿姨很靦腆，小阿姨還年輕脾氣暴躁。只有母親一心想著要出人頭地，所以她一直很下功夫以彌補因未再升學帶來的知識不足。

我從有記憶起，母親一直偏愛大紅色的衣著，存留下來的照片，她外出時的穿著不是旗袍就是大圓裙的連身洋裝，也許後來受父親的影響，打扮就洋氣起來，但紅色的衣著一直占多數。從過往外婆家的敘述裡「在人群中一直希望自己是得到關注的一員」應該就是母親的寫照。阿嬤常用台語說她「茶北」，好像有著混雜褒與貶之意。一是說她不夠淑女，但又稱讚她不讓鬚眉。只是這樣的外放個性，讓她出嫁後的確吃盡了苦頭。

我常想，這樣的追求，也可能是反映自小她在家中不被重視的一個反射動作吧！她對她想要的，一向很主動，只是她一直沒有想到，傳統大戶人家對女子要求可不像她想的這樣。

素娟的愛情

爸媽的相遇，在他倆分別的敘述裡，多少有些不同的出入。除了確定是自由戀愛而結成的連理外，對於我一個旁觀者來說除了各取一點再來自我判斷外，很難定論判個誰對誰非。但這裡要特別提一下的是母親有個別名叫「香如」，據說是父親為她取的，因為父親嫌她本名土氣。（更扯的是，後來發現我的同事文禮的母親也被其父親取了一樣的名字，原因也是如出一轍），在日後看到母親寫給父親的家書裡都用這個名字。

我第一次聽到她與父親的戀愛史時幾乎驚掉了下巴，那樣的奔赴，絕不是尋常女子可以做到的。我聽到這個故事並不是來自兩位當事人的口裡，而是我的叔叔。在一次回國省親裡透漏了真相。那一年我大約小學二年級，他回國住在家裡，那時他還沒成家也特別疼我，每天晚上我都纏著他說關於美國風土的種種故事讓我開眼界。

有一天他哄我睡覺時突然有感而發提起：「希望我未來能和哥哥一樣找到如此愛自己的伴侶。」我不解只是抬頭看著他希望聽到真正的答案。「妳知道嗎？妳爸媽當時訂婚，哥哥不在國內，訂好的日子卻因為哥哥臨時接到海外公司的調派沒法回來，原本要舉辦訂婚儀式的日子立刻出現了障礙。但是嫂嫂堅持不要改期（因為外婆家一直很反對，不想再生變），所以只好由我代表哥哥帶著戒指前去完成儀式。」那時的我感到吃驚，卻還不明白男女為愛痴狂的刻骨深情。幾個月後父親回國休假也完成了結婚典禮，婚後母親很快就懷了我，在臨盆前父親不得不回到海外工作地去，再回來時我已經一歲多了。

現在的我每想起這一段往事，就會沒來由的想起王寶釧苦守寒窯的畫面，亦或那些古裝電視劇，因為某種因素新入門的新娘被迫跟公雞拜堂的橋段。我每次想問母親當時心裡真正的感受時，她總是用一句閩南語「挑來挑去，挑到一個賣龍眼的。」來搪塞我，規避回答。我問她：「當時外婆為什麼不同意？」她大笑：「外婆說外省人都是騙子！因為街上賣包子饅頭的每個人都說以前在大陸是縣長。怎麼可能有那麼多縣長？然後都來台灣賣饅頭？」其實賣饅頭包子說的都是真的，大陸這麼大，現在一下子都來了台灣，又從高雄上岸，不賣饅頭連飯都吃不飽的。

我不禁打趣問：「妳當時怎麼沒聽妳媽的話，現在才來抱怨？」而後當我發現自己複製了母親的人生時，嚇出了一生冷汗。

加上自己學佛後看待這類似飛蛾撲火的愛情（包括我自己的），

總是會思考到更深入的層面。是緣分？是業力？還是相互的欠債？

遠距愛情快樂與痛苦

而我的記憶中關於父母的情事，我最有感的就是，幼年的歲月中總是一段時間，就會有電信局的人騎著摩托車來家裡通知，告訴母親到電信局等國際電話（那個年代家裡還沒有電話），母親就會趕緊催促我穿鞋跟她一起出門。那時家裡有一台五〇ｃｃ的小本田，我總是站在前面的踏板上隨母親去電信局等待父親從國外再打過來。

現在我已記不清楚，當時母親對電話那頭的父親都說了些什麼，只有一個深刻的印象是每次從母親手上接過來的話筒，都沾滿了母親的淚，所以總是濕淋淋。其實我沒有很想念父親，因為從小他在家的時間就很少，加上父親寡言又嚴肅，他不在家時我反而覺得輕鬆。但是在出門時母親已千叮嚀萬交代，「一定要告訴爸爸，妳很想他，懂嗎？要記住喔！」所以每次和父親講電話的第一句話基本上都是「爸爸我好想你喔！你什麼時候回來？」大部份的時間基本上也都是講完這兩句話時，話筒就又回到了母親手裡。總之，每次接父親從遠處打回來的電話，母親總是有訴不完的衷腸與流不盡的淚水。這是到目前我所知道最淒美的一段生離的愛情故事了。

在這段漫長等待的歲月裡，屬於母親最快樂的時光，應該就是當父親工作的船隻要靠岸維修和保養的時候，因為船很大都是幾十萬噸的油輪，台灣的港口太小進不來，所以大多時間都是在日本或新加坡完成船隻維修，而因為父親是輪機長便有高階船員享有的福利，就是可以接眷屬到身邊跟船一段時間，而對母親來說她是理所當然爾的毫不猶豫地奔赴。因此在奶奶未過世之前，這個時候我便會被單獨留下來由奶奶照顧。也許是她對父親的愛太炙熱了，以至於眼裡再無他人，她和奶奶最大的不同是，在追求愛情的過程中，她常忘記自己也是母親，所以其實無形中造作了許多傷害女兒的作為還不自知。這也是日後埋下我們母女之間很大一條鴻溝的主因。

當我慢慢長大，突然發現母親在這份愛情裡總扮演卑微的角色，她非常用力的討好著父親、爺爺、奶奶和姑媽與叔叔一家，她企圖能爭取到一個好妻子，好媳婦，好大嫂的頭銜，唯獨排除了好母親這個身分。嚴格說這些她想獲得的頭銜綑綁了她一輩子，而全部的精力投入無非是藉由此讓父親知道她有多賢慧，她用辛苦的付出想要拴住父親（日後自己說出了口）但終究成了一場鏡花水月。因為她一直不懂父親眼裡的愛情，她好強但也自卑，在一個失衡的情愛關係裡，她始終沒有得到過她想像與想要的愛情。也許是受那些外國電影的影響，太多粉紅泡泡的遐想，讓她在這裡迷了路，然後在父親生病倒下後，終究一切成空。

結婚的真相

我家老相本裡有一區是父親青少年時拍下的照片，裡面有幾張是同一位年輕女孩的照片，看起來十分溫婉甜美，所有的笑容都是沒露齒淺淺的笑容。我上大學後，趁有次父親在家，我拿著相本問他：「這是誰？」他笑得靦腆沒說話，不料母親搶著回我話：「那是你爸初戀的女朋友！」雖然說這話時母親臉上帶著揶揄的笑，但是聽得出有著濃濃的醋意。後來趁母親走開後，我問父親：「你到底喜歡媽媽什麼？」

父親慢悠悠地道出了這段往事：「妳媽很外向，一直主動靠近我，我那時已經快要上船了，也希望家裡能多個人照顧妳爺爺奶奶，妳媽她是很吃苦耐勞的人，就覺得很適合我們這樣的家庭。其實我們沒有談過真正的戀愛，也只見過幾次面，我就出國了。後來寫信問她要不要嫁給我，就這樣結婚了。」「就這樣？」我不可置信的問！父親點點頭。「你可千萬別告訴她這個真相，那可是要出人命的。」我十分驚恐的叮嚀著自己的老爹，他這次笑了個開懷。我心裡想，這從來都不該是王子和公主相遇的故事內容，是造化弄人？還是業力現前？

「所以相本裡的那個女孩真是你的初戀女友嗎？為什麼後來沒在一起？」我還是繞回了主題。父親淡淡的說：「她是一個好女孩，又有才氣，她寫得一手好詩，我們是一起參加學校的詩社認識的，彼此很相合。但是遇到的時間不對，我很早就準備要上船養家，不想她嫁過來受苦，就不想耽誤她了。」父親說到此眼神似乎都放空了，如同墜落雲霧之中。

俗話說「百年修得同船渡，萬年修得共枕眠。」左思右想這句話，這才突然明白，喜歡和不喜歡其實好像沒有那麼重要，因為真正影響人生的是緣分和業力。沒有這兩個的推波助瀾，其實根本無法遇到注定要結連理的另外一半，不是嗎？

就這樣，真相是母親的愛情與父親的根本不是同一件事情。這其中的陰錯陽差，我猜是到父親離世前那一刻，母親才接受了這個事實，所以她的恨在此時彰顯出來。她的嚎啕大哭裡訴說著：「我不甘心，那些虧欠我的債，再也沒有地方可以去討……！」這句話聽的我毛骨悚然。

結婚是為了逃離

我在二十八歲時，很匆促的走入婚姻，真正的主因是我認為這是唯一能逃離這個家的方式，更確切的說法應該是我想逃離與母親在同一個屋簷下的生活。我的爺爺在我高二時中風倒下，而後我的爸媽照顧了他整整十三年，那段時間我猜對父親來說應該是除了過往的逃難經驗外，這是另一段人生的黑暗期。那時候爺爺在醫院發出無法再做有效醫療的情況下，被接回了家。父親因此轉調地勤工作。他回到了台灣接續工作並有了穩定的上下班時間，但是對我來說也是我落入深淵的一段時期。

父親白天上班，照顧爺爺的工作自然全落在了母親的身上，包括每一餐的特殊飲食料理，還有日常裡的基礎運動（在家練習走路），然後父親下班回家就由父親接手。也開始母親無休止在親戚面前賣慘的循環。我認為父親的掙扎來自於他幼年時許多對爺爺某些作為的不認同與不信任。他心底其實本來對父親就有怨恨（他一直認為這是爺爺的報應），所以在協助爺爺做復健功課時，他總會發很大的脾氣，日日夜夜不消停。但是畢竟他受中華傳統教育的影響，對於孝親這件事是有著根深柢固觀念的，他讓爺爺在醫院時，住最好的頭等病房，用最好的醫生，做最有療效的醫治，但卻不能停止他對父親的不諒解，也澆不熄心中的恨意，更糟糕的是母親還用此綁架了他。

父親是長子，他一向對弟妹愛護照顧有加，甚至高過對妻子的愛護（這是母親的形容）。母親在分擔爺爺照護責任時，總不自覺得對姑媽和叔叔有很深的批評，甚至用字會用到沒良心這樣的字眼，我相信這犯了父親的禁忌（批評他的手足）。然後當父親希望偶爾與同事在假期間外出小酌時，她總會酸言酸語地隱射父親把照顧爺爺的責任都丟給了她的不負責任，其實以我們家的經濟條件是可以請人在家分擔這些工作的，父親也提過好幾次，但都被母親否決。她希望除了上班時間外，父親要斷絕一切對外的休閒和與朋友的交誼，只跟她廝守在一起照顧老人家。那時的家裡氣氛很糟，父親天天在家對著爺爺發脾氣，爺爺三不五時就哭了起來，母親沒有智慧，她只是依附著父親而活著，並用道德綁架他。而我再也承受不住這樣的環境，又無力改變，所以急著出嫁。

然後我發現在這段歲月裡，男女主角都成了悲劇的角色，而且是互相的怨懟與折磨。兩人都覺得對方虧欠了很多。我母親的娘家因為家庭環境不好，父親長期資助了外婆家不少的財務協助，父親一直認為他已經付出超過他該做的責任承擔。但，對母親而言她嫁到了一個百分之九十都是外省人的地區（中興新村），又面對夫君長期的不在身邊，她始終覺得父親虧欠了她許多（其實真正的原因是她覺得父親從未對她有過真愛，那些物質面的豐盈始終填不滿她缺愛的一顆心）。

這是一個相互欠債的故事，躲不開的緣分，卻從來沒有譜出浪漫的歌曲，而是一首首不堪入耳的哭調仔。

誰對？誰錯？怕是包青天大人在世都難判的家務事。母親對浪漫愛情的崩塌，在父親最後一次中風倒下時，她終於從迷霧中醒了過來。因為父親送去加護病房時，不要母親探視，只要她一踏進病房他就發很大的脾氣，即便他已不能言語，但是臉上嫌惡的表情一覽無遺。父親那時已命懸一線，海外親人都趕回來了，但他只要我在側，我在他身邊時，他的眉宇顯得特別的平和，我和醫院申請長時間在加護病房的床邊陪他，他就睡得特別安穩。而我的母親當時據說在病房內和趕回國的叔叔大哭大鬧：「你看！他們終究才是一家人，他女兒姓張。我伺候這個家幾十年了，到頭來他竟然不讓我靠近，我沒有功勞也有苦勞……。他怎麼這樣沒良心？」我後來聽親戚談起當時情況覺得不可置信「媽瘋了嗎？所以她認為女兒搶了她丈夫？」我在心裡不斷地反覆翻攪這個問題，我對她的嫌棄幾乎也到了頂點。父親臥床九個月後離世，母親徹底變成了一個我不認識的人。「他憑什麼這樣對我？他欠我的債再也無處討了。你們張家沒一個好東西。」她常常興起就指著我鼻子罵。

我不再說些什麼，隨她肆意宣洩情緒，一肩挑起來父親的後事操辦，我第一次覺得母親很可憐。她的好強，她的勇敢，她的為愛痴狂，終究在這一刻現了形，我看到她的脆弱，她的自卑，她對人生的放棄，她的愛情竟是這樣的虛無縹緲。

素娟的慈悲

雖然在此生很長的一段時間裡，我與母親都處於對立的情況下，但不得不說她有極其溫柔與慈悲的一面，這個部分家裡很多人不知道，甚至不以為然。但我始終看在眼裡甚至還有些忌妒這些受她幫助過的人。

這些人是誰呢？都是一些家庭條件比較清苦的朋友，或是為張家做工的勞動者，再不就是市場裡那些年紀比較大還在辛勞賣菜的阿婆。其中最被鄰居津津樂道的是母親對待當時在家中幫傭阿玉的一段佳話。

阿玉實際上年紀有多大？全名是什麼？我都並不知曉。揣測大約就是一個大我七或八歲的女孩。自我有印象起她就已在我的家中和我們一起生活。當時對這樣工作者有個十分不人道的稱呼──下女。她的吃住都和我們在同一個屋簷下，然後在廚房的邊上有一個小小的房間，那是她的臥室，她個人的吃住都在那一個範圍。

平時阿玉要幫母親打掃屋內環境，要替奶奶打下手作菜，庭園的草長了，還要協助爺爺除草，但最重要的一項工作則是每天跟著我去學校，我在小學三年級以前，她受母之命每天帶著一張小板凳，寸步不離地跟著我，上課時她就坐在走廊上等著，下課了就再跟著我回家，以防我溜去別的地方玩耍。雖然我心裡明白這是母親的授意，也是她的職責所在，但是對於這樣的緊迫盯人，心裡始終有氣，常變著花樣讓她為難，或是趁她不注意或打盹時就偷跑去別的地方讓她找不到我。

每每有這樣的情況，等我玩夠了自己回家，總看到阿玉紅著雙眼站在母親身邊（她以為自己把我搞丟了），然後我就是被母親狠狠地請吃一頓竹筍炒肉絲。阿玉她還會在這時來護在我身前。而母親總是邊打邊對著我破口大罵：「妳下次還敢嗎？還敢不敢？」

在當時的中興新村，家裡經濟條件稍好的家庭，幾乎都有這樣的一個女孩在家裡幫忙操持家務，據說是和她們的家裡有簽契約的，他們多來自靠近省訓團邊界上叫內轆的村落，當地居民大多同姓，同時也是以耕種維生的佃農。因為生活辛苦，家裡小孩又很多（那時候還沒有節育的主張），如果家裡有女兒的，女兒長大後，就到村子裡生活比較寬裕的家庭裡工作，阿玉就是其中一個。通常她們吃住都在雇主家裡，只有過年除夕夜時回自己家，但是當晚就會再回來。因為過年期間是特別忙碌的時候。不過，阿玉是唯一破例，她每天中午吃完飯，會騎上腳踏車去第三市場找她自己的父親，協助整理剛收市的菜市場，因為他是那兒的清潔工，但年紀慢慢大了愈來愈做不動，就請女兒來幫忙，以至於能留住這份工作與微薄的收入。

阿玉曾對我說：「我真的很感激少奶奶（我的母親），她實在是個很慈悲的人，她給了我的家庭許多幫助。」這的確不假，我曾無數次親眼看見母親在廚房裝當日家裡豐盛的飯菜，放在盒裡，塞進阿玉的布口袋要她帶去給父親吃，有時還會用手帕包幾塊錢要阿玉自己去買她喜歡的汽水喝。母親對阿玉的疼愛其實我也因此受惠，因為我藉機會去央求阿玉買我喜歡的話梅回來，偷著吃（因為那是家裡不讓吃的零食）。雖然每次都逃不過母親的法眼（舌頭上老是會留下洗不掉的紅色舌苔），然後又是屁股再挨一頓板子，但我卻仍是樂此不疲。

憐惜阿玉是憐惜自己

母親常不斷叮嚀我：「妳再皮都不可以欺侮阿玉，她是苦命的孩子，我們要多幫助她，妳懂嗎？」我順從的點點頭，但其實心裡不是真明白，只知道母親面對阿玉時總是特別溫柔和管教我時的面孔截然不同，彷彿是兩個不同的人。很多年後我才知道，母親對自己的家世背景很自卑（外婆家也很清苦），尤其在這個百分之九十都居住著外省人的社區裡更讓她不自覺地在心上築起了高牆，但因為個性好強，也因此特別敏感，家中親戚一句無心的話，或是一個沒有意義的眼神，都能讓她感到受傷。她憐惜阿玉的同時，也憐惜著自己。

平日在家裡阿玉對待爺爺總是以老爺稱呼，自然對我的父親則稱大少爺，自然而然她稱呼母親就是少奶奶。但是我記憶裡，母親總是對這個稱呼嗤之以鼻：「什麼少奶奶？我是最沒用的少奶奶，我又不能當家，妳爸不在家，我什麼都要聽從妳爺妳奶的安排，這個名號有什麼用？」她常在我面前說這樣的話。有時我犯了錯，她就不停反覆地說：「連妳都不聽我的！我不是沒用是什麼？」然後她會停下打在我身上的板子，挪過去打自己，把自己大腿打得一條條血痕。這是我最害怕的事，我從不怕她揍我或是責罰我，但是每回一看到她打自己，我就再也撐不住了，只能立刻下跪認錯，請她停手。這是她對我的綁架。

談起這段往事時，兒子問我：「打得又不是妳，妳也不會痛，幹嘛害怕？」我至今無法解釋，但對我來說那真是最驚心動魄的一幕了。

阿玉在我上國中之前，談了戀愛，據說是中午去替父親掃菜市場時認識的。母親和海外的父親商量後，撕毀了當初和阿玉家簽訂的契約，還幫她置辦了一車的嫁妝，響應那時候經國先生正在推廣的運動。

大約記得是有腳踏車、冰箱、電視機、縫紉機⋯⋯。母親對阿玉說：「我就當嫁女兒一樣把妳嫁掉，剩下的就看妳自己的造化了。」阿玉出門前給母親和爺爺磕了頭，哭紅了雙眼，對媽媽謝了又謝。還轉頭對我說：「福福，妳要乖，別老是惹媽媽生氣。我再回來看妳！」然後大門外燃起了鞭炮，風風光光送走了阿玉。後來左鄰右舍都豎起大拇指稱讚張家的媳婦是個有賢德的善人。

我們搬來台北後，我偶爾會想起阿玉，尤其父親過世後，我看著母親心靈的墜落，甚至想去登尋人啟事，但是我連她的全名都不知道，也記不清她娘家的地址。所以如同大海撈針般不知從何尋起。但是無論如何在阿玉的身上，我看見了母親的慈悲，也在若干年後理解了她心裡的幽暗來源。

人生的相逢皆有其因，凡是應緣而生，也應緣而滅，半點不由人。

那些愛了又恨了的

二〇一五年九月中，我的父親在經歷了九個多月的病痛折磨後與世長辭了。這象徵我的生命歷程又結束了一個年代。

老人家是腦幹中風倒下的，這段期間他的身體的四肢動彈不得呈現全身癱瘓的情況，初期人是陷入重度昏迷，但在醫院發出了病危通知，海外親人都趕回來後，父親卻又奇蹟般地甦醒過來。殘忍的是靈魂被關在軀體裡如同坐監一般。他聽得到，看得到，五官是能夠動，也是唯一可以依靠此和我們溝通的部位。腦幹上壓著血塊，阻斷了小腦發送到四肢的訊號，就這樣他徹底被困住了。清醒後，我常到加護病房陪他，他的皺眉、他的流淚、他的眼神與他的笑，每一個表情都牽動著我。這是我來到這世上後經歷了五十年的歲月才第一次和他如此親近，也是第一次感到他眼裡對我的慈愛。

母親曾告訴我，小時候她帶我去算命，眼盲的算命仙摸了摸我的骨頭，便鐵口直斷說，「這孩子與爸爸緣淺。」可不是嗎？我出生時，他回了工作地，再回家我已經一歲多了。但是誰也沒想到在此生最後一段路上我們的心竟是如此的貼近。

在家族中，我像一個浪子，一直用自己的方式活成自己想要的樣子，也做過許多讓他傷心的選擇，他和母親撂下的話越重，我就跑得離他們越遠，從不求饒也絕不認錯。但是我看見躺在病床上的他時心如刀割，第一次對他說：「我錯了，爸爸！我再不闖禍了，您放心。」然後我看著他的淚流下，嘴角帶著笑。每次探訪時間結束需要離開病房時，都會和兒子一起去親親他的額頭，他會眨眨眼回應我。在他臨終前，我終於牽上了他的手，也替他完成了遺願「皈依」。

相較於我，母親在這段時間過得很艱難。當醫生宣布父親的病無法再用醫療幫助他的健康有更好的進展後，就請我們要做下一階段的處理，也就是我們必須決定是接父親回家？或是移置到護理之家接受專業的護工照護？當時所有一切的安排都是我親力親為，但是都會尊重母親的意見而落實。我們很早就討論了這個問題，也達成共識，就是會接父親回家，但為了避免母親勞累，配套會再請兩位醫療護工二十四小時輪班在家照顧父親，一直以為這是最兩全其美的作法（那時我為了照顧兩老已經搬至娘家隔鄰巷子居住）。因為母親一直很依賴父親，她幾乎一刻都不願意離開他身邊，雖然偶爾會看到父親臉上的不悅，我們都還是順著她，因為知道她的理由，年輕時分開太久，害怕再度分離。

加護病房外的控訴

萬萬沒想到的是，就在離出院日子愈來愈近時，母親的情緒變得很不穩定，她總是會想出很多理由要我去和醫院商量延後出院的日期。一次、兩次後，我心中隱約覺得肯定有些我不知道的事情發生著。

然後，我又突然想起當初在加護病房外發生的一幕——那天，我申請了全半天的陪護，因為父親呼吸器的管子到期了，需要拔管，所以父親要做呼吸訓練，那是一個十分辛苦的訓練，為了替父親打氣，醫生同意讓一個家屬進入加護病房做長時間的陪同。和父親做了幾次溝通，護理師把家屬的名字在父親床前一一說一遍，請他把心裏所想要的陪伴人選用眨眼來確認，重複了幾次，最終確認父親希望我能在側。於是其他人都被擋在了門外，當然也包括了母親。

事後，我聽叔叔說起，當時的母親在門外大哭大鬧，後來被醫護人員驅趕請她離開。「你們看，我無怨無悔地照顧了這一家大小幾十年了，到頭來，他只要他的女兒，就這樣一腳把我踢開。畢竟女兒姓張，我終究是個外人（她其實忘記了，她身分證上的名字早已冠了夫姓，我們是名符其實的一家人），以上這一段我叔叔說是原封不動當時母親的控訴，她認為關鍵時刻父親拋棄了她。

為了父親出院的日期，醫院發出了最後通牒，我不得不把母親請到飯桌一起坐下來。「您可以告訴我真實的想法嗎？到底為什麼不讓爸爸出院？醫院已給出最後期限了，我沒法再延期了。」我一個字一個字慢慢地對母親說。

她抬起頭靜靜地看著我好一會兒：「我不想他回家，我不想再跟他住在一起了。既然他並不需要我（她說起了加護病房的事）。」我沒有再說什麼，只能用最快的速度求助醫院的輔導小組，然後審查了幾家護理之家，就送父親去了一家評比最高的，也安排了最特殊的照護，讓父親獨住在有窗的一樓房間，也有專用的照護員，母親每日會過去看他，像上下班一樣，我下班去接她回家，而她也不要我住回她和父親的家裡。

母親對父親的愛濃烈到我無法想像的地步，而後來我也見識到隨之而來的恨竟也是如此的驚人。他們在死別的課題上，留下了很大的遺憾。我常想為什麼那樣的愛能在突然之間就轉變為恨了呢？我不斷的問自己，很想找出答案。

數年過後，我得出了一個領悟，關於和解這件事，很多時候許多人沒明白，在一些違緣裡，更多時候是雙方都有未盡事宜，因此在解結的當口，要杜絕惡緣的輪迴是需要先有勇氣來面對。愛不能交換，真心實意的和解，而非用對抗或是逃避的方式繼續延續。

「斷相續」也是處理惡緣循環很重要的一種方式。而很多時候讓我們心上留疤的往往是自己，因為自己的沒有智慧和懦弱，讓違緣裡的對方一直沒有底線的重複做著傷害自己的事，而我們沒有面對，又關閉了溝通的大門，讓這些沉澱在心裡的憤恨就纏了自己一輩子，這是很可惜的事。

母親的情書——那不顧一切的奔赴

父親離世的日期，菩薩顯靈滿了我的願。當時那段時間父親的脈搏和血壓突然轉為低下，又正處於農曆七月。母親對我說：「妳去求菩薩，請菩薩不要在這個月帶他走（因為傳統民俗有一些傳說，在農曆七月離世對亡者來說很不好）。我每天都跪在佛前磕頭，每一次都跟菩薩說：「我作為正信佛子，不講究這個，但是請菩薩慈悲，能讓母親安心。」諸佛慈悲，或許知道我已經無力用其他方法再為母親做些什麼，祂讓父親在農曆八月一號晚上嚥下了最後一口氣。

當時母親在父親床邊就已經呈現精神崩潰的情況，她口裡喃喃說到：「我的債再也無處討了，他怎麼真的就這樣走了。」她沒有流淚，只是說個不停。我趕緊請司機先送母親回家，我獨自一人留下，處理所有的後續細節，包括八個小時的助念，好好地陪著父親走完最後一程。我心裡很感恩，父親最後的這一段路主動來依靠我，讓我知道自己終於成了能讓他放心的小孩，這個託付打開了過往我們父女之間的結，但終歸父親走了。後來我遇到一個有靈視能力的老師，她見到我第一眼便對我說：「妳可以安心了！妳的父親去了很好的地方。」

我開始頻繁進出爸媽的老房子，整理著父親的遺物，睹物思情，但我是女兒也是兒子，所以我一個人做了所有一切的承擔。就在我忍住悲傷的同時，我發現了一大疊多年前母親寫給父親的信，郵件幾乎都是寄往日本，每一封信還都被標註了編號。我猜是父親下船回家時，把它們都帶了回來並保存著。

這算不算是一種深情呢？怎麼能說他的愛不夠呢？至少我沒有在老家其他地方看到父親寫回來的信，母親有留下嗎？到底誰愛誰多一點呢？母親心裡那些撫不平的皺褶，每一道痕跡裡的愁苦是真的父親愧對了她的深情？還是只是她心裡對愛的需求太大，那些需索無度的討要，讓兩人最後都筋疲力盡了。

我翻開這一封封母親寄給情郎的書信，不禁讓我有些咋舌，在那樣的年代，能這樣如此坦露心聲高調示愛的女子，應該很少有人做得到：

「正球我愛：本來想打電話問問公司，船何時從新加坡開出，但想想還是算了，說不定晚飯前或者明天可以收到來信，我知道您一切很好，不過計算時間，這幾天您應該可以收到來信，心裏越盼望，時間就覺得越慢，但願您的來信很快收到……，但是在波斯灣那邊是非常炎熱的，您要多保重身體爲要……我在家除了想念您以外，別的事是難不倒我，我的開朗脾氣，什麼事過去就算了，您可以放一百萬個心的！您的小愛吻上」

兒子後來也讀了他外婆寫給外公的信，不禁問說：「小愛吻是什麼？是一個人？」我回他：「小愛吻當然就是外婆，應該是他們那時的暱稱吧！」然後我倆禁不住異口同聲地說：「阿嬤實在是個熱情的姑娘啊，好勁爆的內容。」

但是也在這些信裡，我卻看到了母親對我的嫌棄，母親寫道：

「福福現在她除了沒有我高之外，比我胖很多，腰圍竟二十五吋半，我才二十三吋半。聽起來是有點嚇人。我說她不用腦子，吃了東西才會全部吸收，她眞的一點不用腦子，否則，成績怎麼會一團糟呢？誰曉得她的腦筋用到哪裡去了？現在我想的很開，您不要我擔心，福福與您比較，還是您重要……」

在每一封信中，如果母親有提到我，幾乎都是類似的抱怨，尤其讀到關於「福福與您比較，還是您重要……」這句話，即便隔了四十多年再看，我仍是感到悲傷的。我不知道是不是所有的母親都會對丈夫與子女之間作評比呢？我只能安慰自己，是因為她太愛父親了吧！

就如另一封信中，母親寫道：

「正球我愛：您說，我怎麼不會發狂的愛您呢！說不出的愛您！不是字眼可以表達的，也因此，我肯承受一切的委屈（別人的看法）日常的生活，好壞事情難免有，就看自己處理與看法，有事也會變成無事的，您說對嗎？自從母親走後，我不得不留下來照顧福福，不然我早就飛去找您了……真是被她拖累了……」。

連讀了幾封母親寫給父親的情書後，我意興闌珊地不想再往下看，反倒是兒子和協助我整理物品的同事都氣憤得跳腳，「哪有這樣的母親？」他倆幾乎是異口同聲的說。我只能苦笑，也開始能理解母親在父親病倒後的情緒，我想她應該認為我分走了父親對她的愛戀與依賴，她的愛太炙熱了，燒疼了她愛的人也燒著自己。

「妳為什麼可以不生氣？」兒子一副要為我打抱不平的樣子。

「因為除了公平以外，諸佛還教了我許多其他的東西，無論是人生道路，或是學法路上，進退乃屬平常，每一步都值得珍惜，也都是必然的經歷。」那些我們不能理解的，甚至可能是前世遺留下來的遺憾。在這個世界上有些界線無法模糊混為一談，比如說善與惡，比如說生與死，唯一的例外是只有在愛裡，就沒有什麼是不能跨越的。

「因上努力，果上隨緣」。我跟兒子說，我希望和外婆之間，未來有機會能用愛來流動傳遞情感。而至高無上的愛，並非加重什麼給與，而是願意打開枷鎖，給對方自由的空間，是和解的第一步。

「什麼意思？」兒子不肯罷休。

「就是若我希望能和外婆和好，不管她愛不愛我，我都可以先愛她啊！與其去探究那些不可追溯的無始原因，倒不如放下過往，專注在眼前的重新開始上吧！」這是浪子的體悟。

「阿公走了，阿嬤覺得她沒有人可以愛了。但我們讓她知道其實我們都愛她這樣可以嗎？」我和兒子的談話內容開始了一場拔河。

「但是她對妳那麼不好，」兒子不服氣。

「我以前也對阿嬤很不好啊，小時候我常惹她生氣，她總是被我氣得要死。媽媽不如你，你總是讓我很開心，所以我要向你學習！」兒子慢慢被說服了，然後點點頭，給了我一個吻。然後又提起信裡的小愛吻，我們笑成了一堆。

Chapter 3
親人與仇人

母親一直扮演那個打破我對生活美好想像的角色。所以很長一段時間我的志向就是希望快快長大，好能離開家，遠離母親。

慰慈

張家到台灣的第三代沒有男丁，所以長孫女的我成了第三代的當家人。「安慰慈母」據說是父親為我取這個學名的真正意涵，只是相信他萬萬沒想到在真實的傳家過程中，妻子和女兒彼此竟是一對真正的冤家，女兒這一世果真是來討債，甚至在往後漫長的歲月中互相折磨。

在我人生的前五十年裡，都一直在做一件事，就是希望能逃離母親的身邊，二十八歲後的出嫁和三十八歲後的遠走他鄉也全是為這樁，遠離在一個屋簷下生活是我拚了命想要爭取到的自由。

所以，我並不喜歡自己這個身分證上的名字，在我的家族裡「福福」才是長輩們習慣用來叫喚我的名。這個乳名是爺爺替我取的，因為我出生時是第三代的第一個孩子，爺爺說取個疊字代表「多」，希望所有的福氣都聚集在這個孩子的身上。我的表親或是堂親的兄弟姐妹們至今都仍是這樣叫我，很多年之後，我才發現從取名這件事實際上暗藏了兩代人對我的差別待遇。

自小因為與祖輩同住，我和爺爺奶奶特別親近，我又是家中獨生女，所以他們幾乎是把我捧在手心上的疼愛。在取乳名字時所有的關注都掛念著這個孩子的未來幸福。但父親與母親剛好相反，自我幼年起感受到的他們，幾乎都是為了滿足其他人的視線，而加倍了對我約束與要求，生怕我的表現有一點落人後而失了他們的面子。

期間我歷經了自己的成長過程，在諸多事件中，不斷驗證自己在父母心中次要的位置。發現了這個真相後，我便開始一直很專心的做自己，他們的期許從不被我列入努力的目標，我只有一個願望，就是快快長大，然後能離家獨立生活。

幼年時的我一直有著與眾不同的價值觀，我完全無法專注在教課書的課本學習上，而且一點也不在意，任其荒蕪，甚至不覺得成績不好有什麼好丟臉。因為我的所有課外活動都能輕而易舉地得獎，無論是演講比賽、作文比賽、田徑比賽等，甚至是寒暑假被學校派出去參加戰鬥營參加打靶，都能負責替學校拿獎盃回來……但是這卻讓我母親的忍耐到了極限。

在童年的記憶裡，我總是無時無刻被罰跪或被挨打。奶奶還在時，老人家老是會擋在前面，她總是會護我周全，這讓我的母親莫可奈何。奶奶離世後，我的靠山沒了，母親變本加厲對我的打罵教育（現在想一想那時的她應該有躁鬱症）。至今記憶仍十分清楚——最後一次挨打是在我高二時，我們一起過馬路時，不知為了什麼事起了口角，當下母親就在眾目睽睽之下直接揮手過來，那個耳光清脆響亮，十七歲的我感到很丟臉並覺得自尊被深深傷害著，我也當街對她大吼大叫。此後，有整整一個月時間，我都不曾正眼跟她說話，從那時起我心裡對母親只有厭惡。

家？還是枷？

可能是自身的習性使然，關於母親對待我的種種，我其實絲毫沒有因此而傷心過。因為我根本不在乎她愛不愛我，反正我不愛她，甚至後來對她感到厭惡至極，也不喜歡她到學校來參加任何親子相關的活動。因為她總是很愛大聲說話，喜歡主動與人攀談，和每一個市場的擺攤老闆都很熟，這一點都讓我感到丟臉（因為自小我受爺爺奶奶教導女孩應表現出來的教養，從來都不是這個樣子）。

那時候姑媽家的表姊和表弟和我上同一所小學，我們中間也剛好相差各一歲，我總是很羨慕他們。因為我的姑媽是很端莊的女子，穿衣很素雅，從看不到那些大紅大花的衣衫，盡是那些粉紫，粉綠，灰藍和牙白的窄裙，她總是很輕聲的對我們說話。她那時在我後來就讀的高中擔任數學老師，聽說所有的學生都喜歡這位美麗的數學老師。那時我是她唯一的外甥，所以她一直很疼我。可惜的是我姑爹一直是謝東閔先生的幕僚，所以謝先生當選中華民國副總統時，姑爹一家就搬離了中興新村遷往台北，追隨老闆去了總統府工作。我成了一個十分孤獨的小孩，但也從來不覺得這樣有什麼不好。

至此，除了爺爺，我的生活中再沒有張家的長輩給予的照護與關懷了。但命運造作，冥冥中似乎有一條繩子把母親和我栓的越來越緊。而隨著我的年紀增長，這讓我更感如咽喉被掐緊般的窒息。因為長時間需要做母親傾吐抱怨的傾聽者。那些對祖父母的抱怨，對我父親的抱怨，對我叔叔與姑媽一家的抱怨，更糟的是無論她在背後如何的唾罵，當著他們的面，始終做出那個凡事隨和並想辦法取悅他們的表現。這一點讓我特別反感（也是我長大後最討厭這樣性格的人的一個主因）。毋庸置疑，母親一直扮演那個打破我對生活美好想像的角色。所以很長一段時間我的志向就是希望快快長大，好能離開家，遠離母親。

國中開始，我們需要上全天課，也是那時候開始每天我都要帶著便當去上學，一條白色的棉繩綁著一小塊鐵牌，一到校便放入一個鐵架裡，中午再由值日生把熱騰騰的便當抬進教室。我的便當一開蓋，都會引來同學的驚呼，因為母親總是為我塞滿了各式各樣的燒肉、排骨或雞腿，但我看了卻只覺厭惡至極，更沒有任何對她的用心給予感恩。我常拿雞腿去跟家裡務農的同學換一種黃色的醃蘿蔔吃，或是將一大塊排骨換一個蘿蔔乾炒蛋。反正在我的青少年叛逆期，永遠是其他人的便當都比我自己的好吃，其他人的爸媽都比自己爸媽好，我看到人口眾多的家庭總是很羨慕，雖然感覺生活清苦，但家人的互動卻是這樣互相的給予溫暖。

所以「慰慈」這兩個字在我人生裡是非常諷刺的存在。然後其實我也不喜歡自己，因為我不知道為什麼我會有這樣的母親？我不覺得自己做錯了什麼？我十分懷念我的奶奶。

關於「慰慈」這一篇其實我沒有想要寫太多自己的事情，只是想把與母親之間的緣分從初始做個回顧。從源頭來看今生的相遇，若是結或是劫都需要從頭來解。

慰慈的廚房

未出嫁前，我幾乎是十指不沾陽春水的，尤其母親始終不讓我碰家事的操作，因為她說只有苦命的女人才需要進廚房（她婚後便辭了工作，隨著婆婆操辦著這些女主內的家務，顯然她並不喜歡）。而我婚後，卻更沒了這樣的機會，因為我的婆婆燒了一手好菜，而當時我們是樓上樓下同住的，所以廚房的活兒始終沒有我能插手的地方。

我真正開始自己做菜，是我在二〇〇一年開始在中國長住的時候。那是我在北京住下的第一個冬季，心裡既好奇又興奮，但我幾乎沒有因為特別想吃什麼，而為自己做飯。剛開始有那麼幾次，想品嚐的也不是食物，而是記憶。我自己獨居在北二環的一戶小公寓裡，把封閉式的小陽台布置了一張四人餐桌，零下十幾度的深夜，自己小炒一盤下酒菜，配著小二鍋頭和窗外的雪。對我一個剛逃離出婚姻的人來說，那種孤獨很美麗，是我喜歡的滋味。

關鍵是，那時候我是個拿鍋鏟都無法順手的人，但北京街邊的餐廳，重油重鹹，不到一星期日日的外食已經讓我的胃有了承受不了的油膩感。有次下大雪，不想下樓，就把陽台上凍著的大白菜取下，腦裡浮現的想念是台灣的街邊小吃白菜滷，於是我打電話回台灣給母親想問步驟，以解鄉愁，沒想到這個尋常的求教，居然就在電話裡被她劈頭蓋臉地罵了一頓：「有時間就多休息，自己瞎整些什麼？不記得我跟妳做的提醒嗎？命中有富貴的女子，誰會進廚房？真不知妳怎麼想？」那天我就默默地掛上電話，想要下廚的興致早已蕩然無存。

但畢竟離開家鄉，跨海工作時間一長，因為想家，在夜深人靜時，我便開始照著食譜在廚房裡，自己動手做起菜來，然後站在流理臺邊用湯勺將剛起鍋的羹湯送入口裡，那時的滋味，正像湯碗裡羹湯的五味融合著。北京的冬天，窗外飄著雪，那時還年輕的我總是臉上掛著淚水，站在昏黃燈光下的廚房裡一勺一勺地吃著自己做的肉羹湯。很多人也許沒有這樣的經驗，在異地做個飯，炒個菜，卻因為醬油和醋的味道有很大的不同，怎麼烹調都煮不出家鄉的味道，那就是鄉愁的味道。

慢慢地，我將煎、煮、炒、炸的基本功用自己的法子練得純熟了，才開始了心目中幼年記憶裡的尋味之旅。後來更發現我的禪房從不在別處，而是在廚房的灶前。有時白天遇到了煩心的事，夜裡我就在廚房做菜練心。每一個刀工，菜絲的粗細都有講究，從不會用囫圇吞棗的態度敷衍過去，做菜時我總能專心一意，我在充滿煙火氣的空間裡讓心慢慢靜下來，也定下來。就像坐禪一般。我猜這是奶奶的血液留在了我的身體裡，是一種先天帶來的天賦，是遺傳。只可惜母親把年輕時心裡的傷一直深埋在其中，刻意將自己排在了張家門外，她忘了身分證上她姓氏的第一個字也是張姓。

找回奶奶的味道

我們家過年一定會有的三道菜，蛋餃、珍珠丸、什錦菜，即便奶奶走了，也從不在桌上缺席，因為其實母親早就在當年奶奶的指點下學會了，不過每一回她做菜總是會有很多抱怨，但為了討好父親，每年都還是會做上一回。我偶爾休假回家都纏著她教我做菜，但每次都被她狠狠駁斥，於是我就自己想辦法，翻書、問姑媽或是爸爸，從這些記憶碎片裡綜合出了以前小時候奶奶留下的味道，有時也會做給父親吃，每次做他都很開心。

因為母親晚年再也不願意做這些我認為最能代表家裡溫暖的菜餚。甚至爺爺走後，有段時間她在家不願意用國語和我們交談，逼著我們和她說閩南語，那一次激怒了父親也激怒了我，但現在想一想，那時的我實在沒有智慧，很難心同此理，不知道我認為的皮毛之痛在母親身上卻是是骨血之痛。

我在二〇一〇年徹底地回到家鄉，後來雖然沒與雙親一起居住，但每週我都會請兩老到家裡吃飯，或是做了印象裡的奶奶拿手菜給他們送去。我喜歡為他們做飯，我嘴笨，這是我傳達愛的方式，兒子無論什麼時候回家，我有都會爬來給他做點心吃。所以後來也為師父做飯，偶爾也會為接待朋友做飯，其實我就是為愛的人做飯。好菜不見得非得要用昂貴食材所組成。最終能造就碗裡繁華的關鍵是，所有材料相融成一個總體的味道。而這依靠的密技，其實也就是協調的功力。

做人的藝術也是一樣。長輩常說的「分寸」與「得體」，呈現了中國人性格裡的面面俱到。這其中總是有著由博大精深文化支撐而孕育出的精髓。協調與調和的高度智慧，成為華人社會中很重要能繼續繁衍傳承的步伐。「熬湯」的這個「熬」是個有趣味的字，「等待」是其含意之一，而且是不能急促的。人生如果有明確的願望、目標或夢想，這「熬」的過程似乎也能不離璀璨二字。

母親晚年牙口不好，我多是以一鍋好湯來補充她的營養和滿足牙祭，直至今日我都沒有停頓。也不知什麼時候開始，她不再因為我泡在廚房裡做事而生氣。有一回她說：「真是好喝，的確有妳奶奶的手藝。」說這句話時也不再咬牙切齒。曾經，我只能用為母親做菜來表達做女兒的心意，用此來做爭戰了半生的和好。當家裡的老人往九十歲奔去時，我自己將管變成順，當他們有絕對自主的空間時，就獲得了因自由帶來的快樂，而我們自己的心也會跟著自由了。

人生走到了某一階段，回過頭找尋以往那些對立的、逃避的或怨懟的，「和好」是該要實踐的功課，好讓今生植下的緣分，在離世前的記憶裡以共好的心情畫下句點，好讓靈魂到下一世的旅行，平安又自在。這也是我現在人生裡很重要的功課。

如果我告訴你，沒有什麼事會真正結束的，從靈性角度來看，許多不同的形式不斷地沿襲著靈魂不滅的每個階段，那麼在靈魂新舊年代交接之間，帶走的上一個截點，將成了影響未來很重要的一個關鍵，這也就是佛法講述的真理「因果論」。是否因此你會改變自己對生命的輕率前進？

Chapter 4 轉機

迎面而來的困境再次推著我向前走，和這些無始的業力正面相迎。我什麼都無法多想，她是我的母親，我只能在此時擋在她的身前，希望替她遮住風雨。那一刻我感覺，這一次我真的回家了。

生命的洪流

從我回到到台灣後，生活中許多攸關家人性命的大事，幾乎都是在沒有任何預警的情況下接踵而至，致使我沒能有太多時間去思考或是琢磨。只是不停地接招，然後不斷地為兩位老人家的身體狀況尋求解套方式。甚至根本無法用長遠的規劃來打算，因為每次的突發狀況都又猛又急，當下只能用見招拆招的方式為他們做些生命中的承擔。

我在父親真正倒下的五年前回國，一開始遵照父命搬回家住在我少女時的房間裡，那時我回來是預先安排好工作的，所以幾乎沒有什麼休息時間直接無縫接軌，就進入了頗富盛名的設計公司任職，我的工作量與業績壓力都很大。沒有預警的加班更是常事。這個部分也是和父母同住在一個屋簷下最大的障礙。我的外國友人曾經問我：「你們中國家庭實在太不可思議了，妳已經要五十歲了，曾經結過婚，孩子也已經這麼大了，為什麼父母對妳的門禁時間還控管的這麼緊？他們不能尊重妳自己的生活方式嗎？」我除了苦笑，不知還能說些什麼，只是告訴他並不是每個中國家庭都這樣，我們家很例外。

週末時，我希望難得的假日能睡到自然醒，竟都成了一種奢望。兩老的作息很規律，所以即使放假，母親也堅持我六點半要起床，先陪他們吃完早餐，才再各自安排時間。初期我盡量忍耐，有時根本不願意回家，就住在公司附近的小商旅裡。三個月之後，我搬離了老宅，而且是在先斬後奏的情況下，讓木已成舟。

原來和解的路是這樣的崎嶇。尤其當雙方身上各有各的刺時，保持一定的距離不失是一良策。於是我搬進了一個坐上計程車二十分鐘就可以到爸媽家的公寓，在這個擁有自己的客廳，自己的廚房的小屋裡，我和兒子的靈魂終於得到了救贖，但殊不知無常正如一隻猛虎一般虎視眈眈的向我們靠近。

一次又一次的病危通知

「爸爸老了！妳回家好嗎？」當初在南京工作的我是接到了這通父親撥給我的電話，決定回家的。一開始我以為只是人老了，思念多了。沒想到後來幾乎每週我們要送他進一趟急診室，因為我們有家族性遺傳的心臟病史，所以一有不舒服，父親就會立刻希望能盡快趕到醫務室去，因為在家的他即使已經服下藥，心跳也恢復正常了，但還總是十分的恐懼與焦慮。這中間也有好幾次住進醫院後，醫生發出了病危通知，海外的親人趕回後，又無預警的好了。這樣的反覆折磨了我們一家人很多年，我常說我的兒子幾乎是在台大醫院長大的。

父親過世後，我在他的書桌抽屜裡發現了一大疊的捐款收據，都是來自於一個離家不遠的地藏庵發出來的。也翻到許多善書（都是些我看起來並不像佛經的小冊子），正在狐疑時，母親突然對我說了一件他們一直瞞著我的事。「妳爸前兩年住院那次，他告訴你姑媽，他被帶到地府走了一圈，他說見到了各種受刑罰之人的慘狀，所以他很害怕死亡。」我不可置信地聽著這一切，完全和父親在我心目中的形象無法吻合。（因為他以前的職務是輪機長，底下要管一兩百人，他每次穿著制服回家都是雄赳赳氣昂昂的）。

「您有再去詳細問他嗎？」我向母親詢問。「沒有！他也沒有跟我說啊。他只有跟妳姑媽（爸爸的妹妹）說，後來妳姑媽告訴我的。我也不敢再問妳爸，怕他回想起來害怕。」聽到這裡，我其實很不捨。

後來真正倒下的這一次，其實當晚我是在家的，我陪兩老吃了晚飯正打算回自己住處時，母親叫住了我：「妳爸說他頭暈，想去掛急診，我便先叫了車然後陪同兩老去了台大醫院急診室，看診的醫生很年輕（估計是實習醫生），看完診只開了一兩顆藥，堅持要我先帶父親回家，等兩天後他原本的例行回診再請他的主治醫生重新做正式評估。當時的父親心裡很不安，執意希望當晚就能住下來，但沒有得到允許，那夜我們回到家已經晚上十一點了，父親進屋睡下後，我便回了自己住處。沒想到半夜三點我再度被電話鈴聲吵醒，母親的聲音透過話筒傳來：「福福，妳快到醫院來，我們正在救護車上快到了。爸爸休克了。」

我到醫院時，父親已經被插管送進了搶救室（母親在我到之前就簽字了），然後母親看我到了以後，整個癱在旁邊的椅子上，只交代了一句：「後面的都交給妳處理，妳爸跟我講的最後一句話是：我要那串福福買給我的念珠。就再也開不了口了。」我接手父親後續一切的安排同時，腦袋轟然作響。我只是不斷的持蓮師心咒請求根本上師能給我力量的加持迴向父親（那時我還沒有進入漢傳佛教學習）。當下沒有任何分秒可以讓我害怕，我小時候心裡的兩個巨人（我的父母），一向專攬發號司令權的母親，一下子在我面前成了手無縛雞之力的老人，我除了把他們護在身後，奮不顧身的迎上這場無常帶來的業力迸發外，再無第二條路可以走。

我看著門外癱軟在椅子上的母親，先請人送她回家休息，自己留下聽取醫生們的每一個步驟說明與分析建議，沒有人可以商量，也沒有時間可以猶豫，我回想父親健康時所有的習慣，對生死的觀念和態度，然後不知簽了多少張的各式同意書，剩下的時間就只能等待。

等我稍有喘息的時間，即撥通了美國的越洋電話，叔叔接了電話，然後我告訴他父親的情況以及醫院已發出了病危通知單，讓家人要有所準備。電話那頭停了幾秒，「我立刻買機票回來。」這一句話傳來後即結束了通話。當時兒子還在服兵役，我不願意去干擾他，突然懂了爺爺當年在奶奶過世時，不願意通知父親的心情。

原本父親的昏迷指數很低，醫生說醒過來的機率很小，腦裡的微血管破了，血瘀積的部位不適合用開刀解決。而我當時沒有想到有可能很快會和他面對分離這件事，只是單純的想，至少他不用醒著受插管的折磨。心裡也做了最壞的打算。一夜折騰，我回到爸媽家時，看到母親在沙發上睡著，茶几上散落著碗盤，應該是簡單用過餐了。我先自己回房間睡了一會兒後，再去輕聲把她喚醒。

「妳爸怎麼樣？」一句話還沒說完，母親的身體抖了起來，紅了眼。

「您聽我說，現在還算穩定，但是還未脫離危險，我給叔叔打了電話，估計他很快會回到台灣。」我回答。

「為什麼通知他？妳爸不行了嗎 ？」母親頓時睜大眼問。

「醫生要我通知所有家屬，這是病危通知。」我不想騙她於是實話實說，母親竟大哭起來。

「妳聽我說！媽媽，妳停一下，我們都要勇敢好嗎？我沒辦法兩邊兼顧，妳一定要先照顧好自己。可以嗎？可以嗎？我一會兒要再過去醫院，這兩天我必須守在那兒，以防爸隨時有狀況，很多事醫生需要跟家屬商量。您聽到了嗎？您可以在家休息，有突發狀況我會打給您，我把車和司機都留下給您，您若想去醫院也可以去，這樣好嗎？」

她聽完後，並沒有給我任何回話，於是我自顧自地回醫院去。

幾日後叔叔回到台灣，我請求他每天做兩件事。一是每天去加護病房時探視爸爸時和父親講話，講他們小時候的事，講奶奶疼小孩做出的犧牲與愛護他們的往事。第二就是請花時間開導母親，好讓她的情緒穩定一點。而我就是長時間守在加護病房外，在父親或是醫生需要我的時候可以用最快的速度出現在他們身邊。

記憶中爸爸的樣子

這個突然的變化，顛覆著我與父母親間維持了幾十年的關係與扮演的角色。我坐在加護病房外的沙發上回想著從兒時起和父親相處的種種，突然悲從中來，就這樣大哭起來。

我的爸爸一直以來都很嚴肅，寡言。他每次休假回家時，幾乎都是我的噩夢，就好像家裡突然多了一個陌生男子一樣。和與母親的相處不同的是，我只是怕他，但不討厭他，我不靠近僅只是「害怕」這個原因。從小到大他不曾打過我，和我真的對話也是極少的，但是若我做錯了事，他只要看我一眼我都是會打寒顫。母親一直是我們之間的傳聲筒，她常來對我說：「妳爸說……，妳看著辦吧！」然後我就會再請母親把我的回覆轉傳給父親。就這樣我和父親來來回回了幾十年。當我自己決定了終身大事回家稟告時，他非常生氣，只留了一句話「妳自己的決定，未來自己要全部負責。」沒想到父親的話一語成讖，所以即使那時我在婚姻裡受盡了委屈也從來不會回娘家哭訴一字，全數打落牙齒和血吞地忍耐下來。

父親唯一一次讓我感到有所倚靠，是在我剛出嫁的幾日後，隨著習俗回娘家。我和前夫在中飯前進了娘家門，母親煮了一桌菜與父親正在等我們。我因為婚後與公婆同住，所以正忍著幾日的不適應希望進門能和自己的雙親撒撒嬌。結果站在桌前一看，全部都是我先生愛吃的菜，一道我想吃的都沒有（前兩天已經先跟母親說了），我當場感到萬分的沮喪，大哭起來，我的前夫當場不知所措，只有我的父親上前來抱住了我，摟我入懷讓我在他胸前哭了個夠，並當場斥責母親：「妳到底怎麼想的？真是老糊塗」（據母親事後表述，她認為對女婿好一點，女兒在婆家就能被疼惜），這也一直是我最討厭母親的作為，她總是習慣把自己放得很低去討好旁人，然後若旁人給她的回報不如預期，她就會生起很大的憎恨。那天因為有父親撐腰，母親重新又炒了兩個菜來化解尷尬。這一次也是第一次，我感受到父親對我的愛和對我的看重。

一星期後，父親竟然奇蹟般地甦醒了，但身體就這樣全癱了。現在回想起來，是天可憐見，菩薩慈悲，在後來的九個月裡，也就是父親在世上的最後一段路程，冥冥中成就了我們這一世父女緣的大和解。甚至不是我倆多做了什麼？也不是什麼發願而成，我們彼此就是被生命中的大浪打的暈頭轉向時，同時被推到了岸邊。然後我們各自讓心上的那堵牆自然的崩塌了。於是兩顆心的距離便如此地靠近起來。

越過一個山丘

父親倒下的這一段時間，從醫院的醫療到移居療養的護理之家，又至後來的肺炎感染，二度進醫院，二度插管。母親難得退出了所有的主導權，希望一切由我來主持，雖然遇到重大事件我還是會尊重她的意見，但基本上生活裡的我們難得一起往同一個方向前進，共同的盼望就是用最好的方式來照顧病中的父親。這是在過了五十多年對立後，我們兩人難得取得的共識。

好長一段時間，我其實不敢想未來，只能很專注的面對每一個當下，然後維持表面正常的心情依舊去上班。父親在第二次插管後再沒了力氣恢復自己呼吸，所以做了氣切，當時我曾經希望別再讓爸爸這樣受罪，但看到母親哀求的眼神讓我實在無法拒絕拂逆她的盼望。當每天我下班再去探望爸爸時，總會因為他看到我，便一陣激動，喉嚨就會有呼嚕呼嚕卡痰的聲音，這時護理師會趕快來抽痰，每一次都是看到父親被嗆得眼淚直流，而我數年前因為大病被搶救時，也曾經被插管，才真正體會父親當年所受的苦。

在探視完畢，接母親回家的路上，母親通常是不太言語的。偶爾週末時，我問她想不想去哪裡走走？她總是選擇了去逛大賣場。有時兒子回來，我們就一起陪外婆去走走。母親愛吃糖，還記得那時快要過聖誕節了，大賣場進門處擺了各式各樣包裝的五彩繽紛的糖果，那是需用秤重量計價的進口貨。母親都是大把大把的入袋，有時都是上幾千元的數量。幾次兒子要制止，都被我使眼色攔下，我想就讓她宣洩一下心中的苦澀吧。「今天買得好開心，妳爸在時他都不讓的。」此時，我和兒子就會對看一眼，心裡有說不出的感傷。「到底此生來做一家人，到底是為了什麼互相給了這麼大的囚籠？」我常常問著自己，但這個疑問一直沒有讓我找到答案。

五個月過去，我們彼此被顛覆的生活，似乎慢慢找到了一個暫時的平衡。加上運氣很好，在護理之家專任照顧父親的護工叫莉達。她從印尼來到台灣討生活。她的年紀大概比我兒子大不了幾歲（不到三十歲），性格很溫柔又細心。我從父親的眉宇間知道他對莉達很依賴，我的母親也很喜歡她。莉達對我們這個家庭來說像個天使。慢慢的母親到護理之家的時間少了，她會自己留在家追韓劇，買自己喜歡的東西吃，一開始我覺得這樣也挺好，只要她開心怎麼都好，殊不知這其實是心理狀態的一個警訊。有一次我下班回去關心她當日的心情，她指著電視裡的新娘說：「這婚紗真美，好浪漫啊……妳看」。我不得不說我有些吃驚，看著這位年過八十的老太太，眼裡盡是懷春少女的笑容，這是一種說不出的感受，甚至有些羡慕她對愛情從不放棄追求的信念（對我來說，我早就在幾場驚濤駭浪般的愛情起滅裡，心中再無波瀾）。

母親的變化

父親脫離危險期後，叔叔回了美國僑居地，當時姑媽一家雖住在台灣，但是來往的並不頻繁（晚年的父親和姑爹之間有很多嫌隙）。我又成了父親可以倚靠的唯一一個家人。有時候心裡會氣母親的懦弱，在父親這麼艱難的時候，她不但幫不上忙，還無法讓自己安住在正常生活中。但慢慢的開始發現，一向愛乾淨的母親對自家環境上的整理變得越來越隨便。很多時候我回去看到了一地隨便放置的物品，新的，舊的交雜錯落在家的每一個角落，好好的房子變成了一座垃圾場，重點是我還不能動手替她收拾，一碰她就會發很大的脾氣。我很焦慮但是卻莫可奈何，在這個無從下手的狀況裡，我和母親之間的關係不但沒有改善，還突然隆起了一座山一般的障礙。

在這期間印象最深的一件事是，有一天我在護理之家處理父親要換房間的事宜，因為事出突然，我匆匆忙忙丟下手邊的工作就趕緊前去。那時每日母親的三餐，都是我在家做好了便當在上班前送去，因為是當天做的，所以中午即使冷食也很可口。那時有一條父親從小養大的狗與母親同住，她也十分疼愛牠。但是因為母親自己的作息變得十分紊亂，所有性格中的任性也在那一刻迸發到了最高點。原本狗狗的作息都是按部就班很有規律，什麼時候吃狗糧，什麼時候要外出方便，都有一定的時間。但是當父親倒下後，這些原本條理分明的狗日子也受到影響，變得一塌糊塗。

還記得那天我在護理之家處理父親的突發狀況弄到很晚，剛好兒子後來也趕到現場協助，一轉眼窗外夜幕低垂，天要黑了。我們回家時塞在車陣中動彈不得（護理之家在新店山上，離台北市區有些距離）這時母親打來電話：「妳在哪裡？怎麼還沒回來？Rose肚子餓，等不及了。」她沒有關心事情處理的情況，也沒有關心爸爸和我，一心跟我訴說狗子的需求）。我請她先處理（狗食只要倒進碗裡即可），但是她中間一直不斷打電話來，到第四次鈴聲響起時，兒子把持不住了，一手搶過電話：「阿嬤！妳會不會太過分了？妳不會餵一下嗎？我媽從早上出門到現在，早飯中飯都沒有吃，妳有關心過嗎？妳真的好差勁！」我一直沒聽到電話那頭有沒有說些什麼？兒子直接把電話掛了。那天母親沒有再打電話給我，我們也沒有再回母親那兒。我和兒子在外面小攤上各自吃了一碗麵，誰都沒有再開口，但他一路緊緊牽著我的手慢慢一起走回家。

生活中的工作、父親與母親，三方壓力幾乎壓得我喘不過氣來。兒子又在遠方，我心裡除了諸佛菩薩沒有任何倚靠。那時我晚上常無法入睡，肉身疲憊的很，心頭卻總是亂糟糟的。爸媽老宅有大約五十多坪大，原本想搬回家方便就近照顧母親，但她堅持所有和父親相關的擺設都不准移動，我只好作罷。

後來在短短一年之內我搬了三次家，都是為了遷就照顧父母的需求而不斷調整居住地，這樣不斷的變動搞得我筋疲力盡。這段時間我只要心裡無法平靜就讀《金剛經》，也不知為何與這部經典能如此的親近，夜不能寐時就放心定法師的《金剛經》梵唄音檔來陪伴，那條心裡在巨浪中飄盪的小船，才能慢慢的靠岸……。

強行斷捨離

父親倒下的第九個月，最後他還是闔上了眼，真正與我們分離。接下來父親所有的後事母親都拒絕參與，所以包括一切細微的環節，我都自己面對。也是為了處理父親的後事，啟動了我日後在漢傳佛教道場學習的因緣。所有儀式的操辦，從火化、進塔、做七……當這一切終於按部就班完成後，我仍一刻都不得閒，因為母親的身心也在此時徹底出現了崩塌的大缺口。

父親過世後第二年，我強行將母親接出老宅與我同住，因為宅子裡的環境已經到我完全不願意再涉足的情況。有時送東西去給母親，要不是請她下樓來取，或是請兒子送上去，兒子轉述：「廚房裡好多蒼蠅和蚊子，超級可怕（後來才發現許多老人在老年時期不少都有這樣的情況，其實這是一種精神疾病的病徵）。我心裡焦慮著，但也逃避著，我心裡對菩薩說「請帶領我！我快要扛不住了。」有一天，我下定決心要與這個事件正式對決，並再不手軟的要將母親帶離這個混濁的磁場，我覺得她的心已在地獄裡被群魔包圍著。

我用了很短的時間半勸說半強迫的讓母親搬出來和我同住，順便替她收拾了部分衣物和一些重要的文件與紀念性的照片等少量的細軟，其餘東西不讓她帶。然後聯絡了一家我自己相熟的清潔公司，下了一個指令「請將屋內全部清空，不用再來問我，萬事拜託了！」那時我有一位平日負責替我開車的同事還來問我：「顧問，那個冰箱也不要了嗎？還很新耶，買了還不到一年哪。我覺得扔了很可惜」，因為他和我雙親都很熟，像家人一樣，所以還是想要向我勸說，我上樓打開冰箱給他看，裡面盡是腐敗的食物，和一些傾倒的湯汁結成的塊沾黏在冰箱內壁上。他見了此景，便不再言語。我告訴他：「我真的不能再猶豫或覺得有任何不捨，否則我會被這股來自黑暗的能量給吞掉的。」他點點頭。

然後，花了兩日的時間，清潔公司用了八台貨車，清掉了屋內所有的東西，包括那些母親說不能碰的父親遺物。我一分不留的都送去了垃圾處理場。在父親所有的遺物裡，我只留下了一頂他的船員帽，因為帽上的徽章象徵父親當時的職級，他一直很以此為榮。再就是當年母親寫給他的那幾十封信。四十多年的歲月就此翻篇。然後我再回到老宅，發現原本的陰暗已經消失無蹤，陽光重新照了進來。

那一天，我獨自在空屋裡待了一下午，回顧了我十九歲後來到台北的點點滴滴，那些爺爺的嗚咽聲、父親的咒罵聲、我從這個房子裡出嫁時的鞭炮聲、母親平日喋喋不休的抱怨聲，就像跑馬燈一般從我面前轉過。然後我做了另一個重大的決定——賣掉老宅。父親走了，張家的年代又換了一代。「我們一切要從頭開始！」我對母親這樣說。

我在民生社區租了一套採光非常好的房。它是設備很完善的社區，又離台北長庚很近（以備老人家的不時之需），唯獨我和兒子上班交通比較不便，但想著我們還年輕，就屈就一些。房子的主臥室很大，在房子的最裡邊，早晨的陽光照得整個房間很明亮，加上衛浴一應俱全，我便把母親和她的狗安置在這個房間裡。這樣我們彼此雖在一個屋簷下，但還是各有各的房間。心想這雖不算是盡善盡美，但也是在差強人意中有了一個可以安定下來的居所，對事情的進行到這一步，我心裡十分的感恩。以為風浪終於可以停歇，讓我能好好休憩。沒想到我生命中真正的挑戰才正要開始，眼前的一切不過是風雨前的寧靜罷了。

破地獄救母

母親搬入了新家，我特別為她置辦了新的電視，房間的空調冷暖氣皆完備。只有吃飯的時候，我會去請她出來坐在餐桌前用餐，尤其我上班前一定會陪她吃早餐才出門。中飯則是一早一起做好放在電鍋裡，交代她中午按下開關後一會兒就能吃。這個時候她已經不喜外出，膝蓋的慢性關節炎似乎也變得比較嚴重，因為她之前每雙週會去醫院，在膝蓋上打玻尿酸，以減輕關節炎疼痛。但突然她堅持不再去醫院，使得我們常為了這件事鬧得不愉快，她的執拗讓我很無語。一下子，我又回到了手足無措的情況。但是我告訴她還是必須要出房間透透氣，所以吃飯一定要到餐廳吃，她再拗不過我，只能拿著家裡原本備著的四腳拐杖拖著蹣跚地步伐離開房間。但說也奇怪，只要外孫在家她就會走得特別好，雖然兒子老是認為阿嬤只有在我面前故意裝作如此，但我不願做他想和猜測。

我們彼此為了適應一起生活的這個決定，雙方都還有挺大的調整空間需要努力。更嚴格的說法是，我實在無法接受一個人在遇到困境時會自暴自棄，更不能苟同就算是人在低處怎麼就用擺爛的心態來面對呢？我不下數次在夜裡潸然淚下，但總不願意在孩子面前展現，不想他擔心。我腦子裡總是不斷地回想幼年時經歷的種種，更加確信她永遠把我擺在最後一個位置的事實。

「她真的不愛我！」我多次這樣對自己說。

「難道不是嗎？否則為什麼她一點都不會捨不得我這樣的為她操

勞？為什麼可以這樣的任性？為什麼……」無數個為什麼在我的心裡不斷的翻攪。

還好這時我已經藉父親操辦後事時，在鶯歌滿願寺立起了張家的祖先牌位，那時候寺裡義工人手不多，我常去參加法會，也自願擔任攝影志工隨師。只有在佛前我能將這些積累與在心裡的苦，一一向大殿的諸佛菩薩訴說，好舒緩心中的苦與怨。有時我到樓上的功德堂替祖先上香時，也會和父親講好一會兒話。我對父親說：「以前您們都說女孩子終歸要嫁人的，但是您這一代兩個兒子，都沒在渡海來台後，替祖先們立起牌位，但是我做到了，我在此並稟告祖先們放心，但也祈求您們保佑母親的身體能健康平安。」日子就這樣在無常裡過起了我的日常。

癌症來敲門

母親搬來同住後，我每週會請原本負責公司清潔的一位小時工順帶兼職到我家裡，協助處理家中的清潔工作，替我分擔一些家務。有一天，她神色擔心地對我說：「總監，有件事我想了很久，雖然張媽媽不讓我告訴妳，但我還是想跟妳說一下，」我不解地看著她，要她直說無妨，「最近洗衣服的時候，發現張媽媽的衣服上都沾有血漬。而且前兩天下午她要我陪她去了一間很小的藥房，買了很多的紗布，還有那種傳統的原子膏。」我瞪大了雙眼直覺不妙，便問她：「妳有問她是什麼情況嗎？」小時工點點頭，但是她接著說：「但張媽媽不跟我說，也不讓我看她身上的傷口，只是叮嚀我不要告訴妳，但我有點害怕，所以趕快來跟妳說。」我點點頭只覺得腦子嗡嗡作響，一時沒辦法思考。

那一夜我輾轉難眠，腦裡一直浮現小時工後來給我看了母親那些沾了血漬的衣服，還有她提起的原子膏（是一種糊在一張小紙片上黑乎乎外敷的藥膏，有人會稱做狗皮膏藥。我的體質從小燥熱，很容易長癤子，擦什麼都很難治癒，但是用這土偏方卻很有療效，也就是現在改良過的原子膏）。但我很了解母親的個性，她若不願意讓我知道的事，若用強，她會跟我拚命。

第二天趁在早餐桌上我問母親：「妳為什麼衣服上沾了那麼多膿血？」只見她顧左右而言他，最後就淡淡地說了一句：「我長了一個癤子。」我打鐵趁熱問：「但是看起來不太妙，哪有可能那麼久了還這麼嚴重？帶妳看醫生好嗎？」老太太突然就生氣了，站起來往自己屋裡走並甩下一句話：「妳別管我，我自己能處理。」不出所料的結果。

然後我就安排了一場戲，我先去家附近的長庚醫院替母親掛了皮膚科的診。然後請兒子休假，再拜託文禮與司機林先生，在看醫生的那一天，一起到家裡找母親（我已經假裝上班先離開），由兒子告訴我母親，一早我心臟病犯了送去了急診室（因為我有家族遺傳病史，她不會懷疑），但是我有交代已經替阿嬤掛好號，請大家務必照顧阿嬤去看醫生。（其實我知道她在外人面前，總是很配合大家，不會說不）。於是這一行人就這樣風風火火用輪椅將母親推去了醫院。那一天我在外面等得很焦急，看診時間比預期長了很多。

後來陪同的他們告訴我，從皮膚科轉去了腫瘤科，而且做了切片檢查。當時文禮還問我：「真是很可怕啊，妳想要看我拍的照片嗎？」我一把搶過手機，只見母親腋下長了一個血肉模糊的肉瘤，面積像一個鴨蛋般大小。我因為有暈血的毛病，瞬間就覺得頭暈目眩。兒子接著說：「醫生說應該是惡性腫瘤，而且已經被阿嬤擠破了。切片過兩天出來要去看報告。現在醫生開了藥，並交代要每天換藥。」

那晚，我買了一些外食，拜託兒子在家陪阿嬤，我自己因為撒了謊就不便回家，所以暫時住在旅館裡，當晚我跪在床前，痛哭失聲，我不知道前方還有什麼在等著我？我和在天上的父親講話，希望他能祝福母親，能讓我勇敢。我也不知道父親病後的這段時間，母親到底經歷了什麼？

我向觀音菩薩請求，希望能對我做無畏施，盼望菩薩賜我力量和智慧。我沒辦法回想那些過往的種種，不管是那些愛的、恨的、怨的、都揉在了一起，分不清楚。只是被迎面而來的困境再次推著我向前走，和這些無始的業力正面相迎……。我什麼都無法多想，她是我的母親，我只能在此時擋在她的身前，希望替她遮住風雨。

那一刻我感覺，這一次我真的回家了。

母親是來度我的嗎？

那天其實後來兒子生了氣。他說：「實在是覺得很誇張離譜，只是好心的要帶阿嬤去看醫生，為什麼要費這麼大周章？阿嬤一點都不會對大家，尤其對妳有一點感到抱歉嗎？」我在他面前沒出聲，只是和他做了個大擁抱，同時安撫他：「媽媽謝謝你！因為有你我才能堅強。」他心疼我，一直緊緊地摟住了我。

第二天回家，我按照藥單上的醫囑替她換藥，兒子沒敢過來，遠遠的看著，我向他示意讓他別過來。紗布撕下的那刹那，膿和血傾巢而出如泉湧一般，當下我的暈眩止不住，同時乾嘔了起來，我心裡持著咒，觀想蓮花生大士在我的頭頂，然後穩住了心神，替母親上了藥，也換了乾淨的紗布。我要走出房門外的時候，母親說了一句：「福福，謝謝！」這大概是她第一次用這樣的方式和我說話。我沒敢回頭，眼眶瞬間紅了。

隔了兩天我去看報告，確診是乳癌。但是因為生長部位的關係，我們又轉去了外科。羅醫生很有耐心的和我討論病情，給出了建議，很快我們便定出了醫療方向。這是母親第二次罹癌，與第一次口腔癌相隔了十年。

我在佛前問菩薩：「母親是來度我的嗎？」菩薩依舊慈眼視我，沒有言語。二〇〇六年母親第一次罹癌，我從上海回到台灣，那時的我還沒有進入信仰，很害怕，很無助，父親那時很像現在的母親，也像個小孩子。在徬徨之際，因緣際會遇見了我的第一位上師天津桑佩仁波切，為了母親的病，自此我皈依成了藏傳寧瑪弟子，我念經我持咒像在槍林彈雨中急行趕路，我對諸佛菩薩說，只要能救母親，要我做什麼都願意。那段時間是我最常遇見菩薩示現的一段日子，也還不熟悉經典，只是單純的相信，相信菩薩加持一切自會好轉⋯⋯。後來母親這個已經邁向四期的口腔癌在開過刀後竟奇蹟似的康復了，沒有做過一天化療，吃過一天藥。也因為這個原因我深深地走入了這個信仰。

那，這一次呢？我問佛。我到底能用什麼樣的發願再來救母呢？

大山的崩塌

決定了醫療方向後，母親的病情算是穩住了。其實我心裡有最壞的打算，但是始終相信我用最大的努力來爭取哪怕只有百分之十的機會，我都願意試試看。因為醫生交代了，母親的傷口要避免碰水，否則容易感染。所以母親的身體清潔再也推辭不了我的協助。

剛搬到新家時，我曾有個疑惑，氣溫高達近四十度的夏天，為什麼即使在家裡她都仍堅持要穿雙白色短襪，問了幾次，她嫌我煩，我只能閉嘴。現在遇到要替她洗澡，她不得不在我面前脫去襪子。我的老天爺，我當場徹底的驚呆了，似乎看到了一雙野獸的腳。母親的十隻腳趾不知何時都患了嚴重的灰指甲，而且不知道為什麼原因都沒有修剪，好幾指的指甲都長到轉了彎阻隔在指頭的前端。雖然震驚，但是為了怕母親尷尬，所以我表面佯裝鎮定，但我不敢去碰那個地方。我甚至不知道我眼前的老婦人，真是以前那個兇悍能幹的母親嗎？她的心到底去了哪裡呢？短短一年的時間到底發生了什麼事？

當晚我回到小院子，在地藏菩薩和普巴金剛壇城前，痛哭了一場，「我在拜墊上哭到起不了身。我對菩薩說：「我真的沒有能力像您一樣下地獄去救母（地藏菩薩的前幾世數次下地獄救母），我好害怕啊！好害怕我打不贏這場仗！請求您帶領我！我的母親心是下了地獄嗎？。」」只記得我後來哭到在拜墊上睡著了。醒來時已經深夜，我抬頭看到了威猛的普巴金剛，祂彷彿開口對我說：「孩子！妳要贏的不是外界任何的惡人惡事，妳要戰勝的只有自己的心魔，妳可以的。不要害怕，我們將與妳同在。妳還記得十年前的初心嗎？只要妳相信！只要相信。別害怕。」

幾天過後，我在網路上找到了忠孝東路上一家專門修剪灰指甲的專門店，這次母親很配合，默默地跟著我去了。花了近三小時（灰甲很厚修剪需要特殊工具，還要用藥水先泡軟，是大工程。）終於剷除了獸甲。母親臉上看起來氣色似乎也紅潤了起來。回家時，我丟掉了她所有的襪子，全數替她換新的。

晚上我燉了雞湯，下麵線給母親吃，這是她愛吃的料理。她坐在餐桌前，看著我突然問：「我的瘤嚴重嗎？我會死嗎？」我知道她只是裝得堅強，其實很害怕。「不嚴重！我會替您搞定它！別怕。我們有菩薩可以靠！一切都有辦法！」母親突然就哭了：「福福！媽媽跟妳說對不起，我……」我打斷了她「快吃麵！涼了就不好吃了。怎麼樣？有女兒還不錯吧！」然後母親哭了，也是那一天我們之間隔著的那座山開始崩塌。

四年後的今天，我母親的乳癌沒有開刀，依然沒做化療只服藥，但被控制得很好，傷口也收口，每次回診都發現腫瘤在縮小當中。

我在佛前感恩，我背著母親不僅逃出了地獄，還越過了一個山丘。

Chapter 5

媽媽的媽媽

原來能不帶矯情地說「我愛你」是如此艱難。無怨、無悔、無求，無矯情地說，更難。

我在恨裡覺察我的愛

我跟著她從老太太房間出來時，有點跟不上。她快速地走進了廚房，一下子把玻璃拉門關緊，關到一點縫都沒剩。門裡門外就這樣被隔絕了。然後，她用盡了力氣將手上的鐵湯匙和塑膠碗用力地摔向了水槽，就掩面放聲大哭了起來。

清晨六點鐘，這聲響像地震一樣，所幸被那扇隔音門全擋住了。我站在一旁，沒敢向前，只是默默地陪著她待在小小的密閉空間裡，承受著這場風雨的來襲。她不停地啜泣一直沒有抬頭，我也沒有，但是我們知道彼此的存在和陪伴。

爐子上的水滾了，我聽見鍋蓋撞擊鏗鏗的聲響，拿起流理台上一包隔夜米飯，問她：「要煮粥嗎？」她沒有正面回答，只吐出幾個字：「媽媽想吃粥。」但是她仍坐在地上，沒打算起身。我遂將米飯倒入鍋裡，關小火，再退回原來的位置。

然後，除了鍋子裡的水滾動的噗噗聲，再沒了其他聲音。時間滴答過去，我聽到了牆上掛鐘的秒針跳動聲響，這才開口問：「受委屈了？」她不言語。

「這麼生氣？」我接著問，她依舊不理睬我。

「可以告訴我妳現在的感受嗎？」我三問。

「我……害……怕……」她仍沒抬頭，只是開了口回答。

「妳慢慢說出來。」我語氣帶著鼓勵。

「為什麼一個人可以把自己的生活擺爛到這個程度？她到底要折

磨死誰？」最後這句話幾乎是咆哮的嘶吼。

「妳知道，我恨死了她這樣惺惺作態，她根本不愛父親，他中風倒下要出院時，是她不肯讓他回家的！是她堅持要送他去安養院的。他死了，她裝什麼裝，死了先生有什麼了不起？為什麼這樣尋死尋活，我沒有先生二十年多了，她也沒關心過我。」她連珠砲似的一口氣說完，接著歇斯底里起來。

「很累是不是？」我輕聲問她。

「我不累！就是生氣。我討厭自暴自棄的人。更何況她和父親感情並不好。她對我也不好，從小時候到現在，只要生活上不合她意，她就永遠覺得是別人負了她，我聽她抱怨了四十年了。」我走上前拍拍她，給她一個擁抱。

「妳看她把自己弄成什麼樣子？還要任性照自己方式，現在都這樣了，醫生說的還是不聽，還是這樣。我討厭她，討厭死了。」最後這兩句聲音虛了。

「其實，妳真正害怕的真相，是擔心媽媽不愛妳是嗎？」我問她。

「我不稀罕！」她大聲地回覆著。

「那，妳愛她嗎？」無聲……

「我看到妳每天盡心盡力為她料理三餐。我想問問如果她今生真的沒有能力愛妳，妳能不能繼續這樣照顧她？只為今生做了母女，她如今沒有依靠。不管她以前做了什麼，妳一直都很勇敢的走著自己的路。但她一直很脆弱，她沒有能力像妳這樣獨立。她連自己都無法去愛了，怎麼愛妳？」

「如果妳能看到，這才是真相，是不是也可以重新面對一件事？」

我接著說，她開始抬起了頭看著我。

「妳不需要向媽媽討愛，這些年，她沒真正按照妳的期待付出所謂的母愛，妳自己也可以獨立過得如此精采，真有缺嗎？」這一回，她搖了搖頭並說。

「她對我不聞不問時，我過得比較快樂」。

「但媽媽卻一直過得不好，對嗎？」她點點頭，開口說。

「因為媽媽覺得嫁過來後，家裡的人都不喜歡她。」她幽幽地回答。

「對，她覺得總討不到奶奶和姑媽的歡喜。這不和現在的妳一樣嗎？妳總覺得她不喜歡妳，妳要像她一樣嗎？」這句話，讓她從地上一下子站起來跺著腳，看著我。

「妳可以不喜歡她，但是可以不要討厭她嗎？她是個需要被關懷的人，她是媽媽，她也是眾生中的一個孤單的靈魂。她一直沒有機會真正去學習愛的功課，她不知道自己永無止境的只在索取。如果她不是媽媽，只是眾生中的一員，妳可以愛她嗎？」然後她抬起頭問我：「妳是說做媽媽的媽媽嗎？」我點點頭。

原來能不帶矯情地說「我愛你」是如此艱難。無怨，無悔，無求，無矯情地說，更難。我願意練習，所以請看見我的心，如果你能看見我願意的初發心，你會懂，雖然我還沒做到，所以說不出，但只要你能看見，我都會感恩。因為你會懂這個「願意努力」比隨口更可貴。

【小小說】

看著好友發文寫出照顧年邁父親時遇到的無奈。觸動了我，翻出這篇很久以前寫了一半就放著的短篇小說，決定繼續完成。

小說裡的第一人稱是我，那個第三人稱的「她」，也是我。前者是那個帶著清明覺知的我，後者則是陷在執著和嗔心裡的我，過程是我開始接手照顧母親後一段真正的經歷。每次真正安慰了遇到障礙，沮喪萬分時的我，一直都是那個在覺知裡的自己，不是別人，不是抱怨和發洩。不是外求得來的憐憫。

三千多年前，釋迦牟尼佛在菩提樹下開悟時，道出一切眾生最為珍貴的無價之寶：「奇哉！奇哉！一切眾生皆有如來智慧德相，只因妄想執著而不證得。」眾生皆有的如來智慧德相，就是人人本具的佛性。

這是我的佛子行。願與我親愛的好朋友們共勉。

前幾天去看母親腦斷層的報告。醫生說她的腦退化得不輕，要我要有心裡準備她已邁入失智狀態。

讓我想起有種花叫「勿忘我」，希望那是屬於母親和我在今生相遇的花。

再相逢

二〇二一年工作日的最後一天，我替母親從護理之家請假。接她回到小院子裡吃飯。為了讓老太太高興，我們點了母親愛吃的麥當勞給她打牙祭。

母親精神很好，只是天冷，她的手抖得比較厲害。進門時，我用自己的手摀著她的手，慢慢地讓她四肢放鬆下來。當她知道買了漢堡陪她過歲末，老太太眼睛亮起來開心地問：「那有買可樂嗎？」「有！有！有」我趕緊應著。

回想二〇二〇年的此時，我面臨生命中很大的天人交戰。因為母親身體狀況多，我常要帶著母親一週去好幾次醫院急診，而且經常是在大半夜裡。那時候母親的精神狀況落至谷底，在我覺察自己幾乎筋疲力竭時，決定去護理之家拿了號碼牌等床位，用把母親交給專業機構照顧，做為最後的打算。

二〇二〇年最後一天，護理之家打電話通知我，新年元旦就有了空床，請我準備母親隨身用品，送她過去。當下，原以為排到床位會開心的自己卻坐立難安，心如刀割。我跪在小院子裡的壇城前哭得不可遏抑，甚至聽到自己的哭聲像在山谷裡迴盪一般，山南山北地對泣著。我問菩薩「我該怎麼辦？」心裡除了不捨還有恐懼，害怕媽媽離開我身邊會感到驚慌害怕。卻又愧疚於自己是那麼的無能為力。

家有大事，我和兒子都會一起商量，但是這回我背著兒子，回電護理之家，請他們先將機會讓給別人，我們再重新排隊。就在推辭床位後的一個月裡，母親的病情急轉直下，最後在農曆過年除夕前，機會再來敲門時，我終於決定讓母親住進護理之家接受專業照顧，好讓我能有心力與時間奔走在兩位不同醫生的門診，討論母親的病情，如何更換更好的處方。因為照顧多病年邁的母親，讓我在佛前發下推廣藥師琉璃光如來這個願望。

母親住進護理之家整整一年，身體恢復得很好，甚至像奇蹟般重新有了對生命成長的渴望。我在一個視頻裡看到蔡康永的訪談，對「成長」做了很好的詮釋。他的大意是說：「什麼是成長？而喜悅和快樂有何不同？從小開始，我們常談到快樂，而且輕易就能發生。例如，吃到一頓大餐、第一次吃冰淇淋，我們會說今日好快樂呀！或是收到一份禮物。但慢慢發現長大了，我們就不那麼容易快樂了，因為快樂都是受外在的東西所影響，經歷多了，慾望就大了，能滿足慾望的因子也少了。但在快樂變少時，我們有另一種東西會變多起來，那就是喜悅，那是從我們內在發出來的，喜悅的發生更深層的是感動和欣賞。這是一種真正自心的感受」，這也是生命成長前後最大的差別。

歲末時節，我和母親一起在成長的喜悅裡，感動與感恩地在佛前禮拜。

我突然想起二〇一九年時，我和朋友們在拜懺法會結束後，我對大家說了這段話：「在這一年的最後一天，謝謝一年來所有幫助過我們的人，也謝謝自己過去生累積了福德，今得人身，聽聞佛法。佛弟子不必說再見，因為我們在每一個懺悔裡，都會有新的發願，菩提道上總會再相逢的」。

我仍以此與大家共勉～

「無始時來惘我者，母等若苦我何樂？為度無邊有情故，發菩提心佛子行。」——《佛子行三十七頌》

Chapter 6
只願你幸福

人的一生要經歷不同學習的階段，一次大清理，清掉那些沉在心底的臭泥，其實現在的我對自己的生命存在是有自信的，也才能相信母親對我的愛其實是毋庸置疑，只是用錯了方法。

請不要再這樣對我

這是非常辛苦的一段過程，但是這一次思考再三我選擇了勇敢面對過往，對一個踏上修行之路的佛子來說，也正走到了一個恰好的時機點。所以我重新回頭找尋那個十歲待在角落哭泣的小女孩。

事發有因，來自於目前母親居住的護理之家，他們傳來了一小段母親的錄影，這段內容讓我想起了許多舊時心裡的傷痛，然後竟然有了一發不可收拾的情緒。

相信很多四五年級生，和上一輩的相處多少都有經歷一個這樣的情況。就是在那個年代，許多家中長輩在外人的面前，多會用貶意來應對他人對自己的孩子的讚美以示自己的謙卑，而我的母親當年更是將這樣的文化發揮的淋漓盡致。舉例來說，如果隔壁鄰居奶奶稱讚我：「福福（我的乳名）真是很有禮貌的孩子，村子裡大夥兒都說你們家的家教真好！」這時我的母親可能會臉上堆著笑立刻回應：「才怪呢，從來沒見過這麼不聽話的小孩，是您不嫌棄。她很糟糕的，你不知道而已……，還是妳家的妹妹好，又漂亮又大方。」她總是這樣踩著我，踐踏著我的尊嚴，然後去討好這些所謂的與我們不相干的外人。所以從小我對母親在潛意識裡是充滿怨恨的。

而與我們最親近的親戚，一個是姑媽，另一個是叔叔，兩位父親的弟妹都是受了西方的教育薰陶，也有極高的學歷，他們對待兒女的教育方式很明顯的與傳統的方式不同，雖然他們與父母年紀相當，但是與子女都十分親近，尤其在外人面前絕對是對自己孩子極度的保護與尊重。相比之下，也讓我極度羨慕，而對自己母親對我的態度解讀成對我的嫌棄，因此好長一段時間對她的痛恨升到了最高處。

印象裡爺爺，奶奶是最疼我的，但在我十歲時奶奶因為腦血管破裂，病後在很短的時間裡就離世了，爺爺開始鬱鬱寡歡，一下子我像沒有了依怙，家對我來說變成一個令我恐懼與厭惡的地方。少年時期，我凡事開始很有主見，因此和母親與父親的關係有了更強的對峙，始終水火不容。但對於家人和深愛的人我一直很恐懼用衝撞的方式來相處，所以最終我選擇了逃避，先是用出嫁，後是用遠走他鄉。

結積累成劫

我的母親這一輩子從來沒有花時間去了解我與她深愛的枕邊人，

她始終用她自己認定的方式來愛我們，但也始終讓我們這段與她相遇的生命歷程痛苦不堪。而我犯的最大錯誤就是從我國中進入叛逆期起，就開始關閉她進入我世界的門，且封得十分嚴實，拒絕再讓她踏進一步。後來無論我上大學或是畢業了進入社會，在外任何優異的表現，她都是透過報紙或是別人口裡才得知的，因為我也不要她來參與我的光榮時刻。然後她也就更變本加厲的向家族的人道盡我的不孝（也就是與她的疏遠）。

後來我與許多同齡的朋友交流，才發現許多人也都有這樣的成長經驗，也許這裏面沒有對錯，是時代造就了兩代間的文化差異。母親常說：「妳外婆以前也是這樣對我，我能忍，妳為什麼不能？」而我與孩子的關係卻剛好相反，因為以前有過這樣的被對待，所以發誓再也不會用這樣的方式對下一代，才有現在如此和諧的親子關係。

以前我若在外受了挫折回家，母親千篇一律的方式就是在我傷口上再灑把鹽：「妳那個死個性，從小跟妳說的話就是不聽，現在就是活該呀（她一直對我從不曾花心思討好她的這件事感到憤怒）。」也因為如此，自己後來做了母親，當孩子在外受了委屈回家尋求庇護時，我永遠是展開雙手擁抱並給予安慰，告訴他：「沒關係，我們再一起努力就好！」

十多年前，我從海外返國，一是父親的健康狀況很不穩定，二是我自己有些倦了在外的漂泊，父親離世前的最後一段時間都是在醫院裡度過的，尤其他在加護病房時，十分依賴我（其實我之前也一直和他的關係很疏遠）。探病時間只要母親進去他的情緒就高升到皺眉與憤怒（父親中風四肢都無法動彈，也不能講話）。護理師問他是否不想見母親？他眨眼表示肯定。這一點讓母親很是崩潰。但她始終沒有察覺是她的性情帶給家人莫大的痛苦。

二〇一五年父親走了，母親整個精神狀況崩塌，但口裡仍常不停的碎念著：「我要討債都沒地方討了（她一直覺得在張家沒有受到重視，幾十年來她感覺沒有得到應得的掌聲）。」當時我獨力撐起了父親的後事操辦，再加上要時時安撫母親的情緒，心上的承擔幾乎到了無法承受的地步，她也是在那時開始有了失智的狀況。

當時，我實在無法感同身受的體諒，甚至十分不諒解她一直以來的任性與隨心所欲，我曾在一次和媽媽劇烈的爭吵後，痛哭失聲：「您可不可以不要這樣，我好害怕有一天您會下地獄，我實在沒有辦法像地藏菩薩一樣，下地獄去救您。」後來才明白，其實當時我和她都已身處在地獄裡了。

後來，母親的精神狀況有很大的進步，可以很清楚地與我們恢復正常對話與應答，那個六神無主的失神模樣已不復存在。醫生說這真的是令人感到驚奇的事。但是隨之而來的是我的吃驚，隨著她的清醒，那以往的說話習慣和講話方式又回來了。（對很多事又開始抱怨連連，十分挑剔。）」我和兒子說起此事，我說：「這讓我很警醒，因為看見人的壞習性要離身是那麼不容易，真的要下很大的決心。你看阿嬤身體稍微有了好轉，她又回到以前那個樣子，這真是可怕的事，我一定要以此時時自己做警惕。」

天下最可恨的媽媽

到底發生了什麼事呢？當天下午我先錄了一段影片傳過去給母親，告訴她送了什麼她喜歡吃的東西過去，順帶把一周的近況分享給她知道。半個小時後，護理之家回傳了一段影片，影片裡老太太其實沒有看鏡頭，護理師的提問是：「阿嬤！妳剛剛有看到女兒傳過來的影片嗎？」老太太側著頭回：「有啊！唉呦，妳看她的皮膚都沒有我們這個漂亮的護理師好看，長了好多雀斑（因為自拍所以貼著鏡頭很近）。她都不知道保養的，還是妳們漂亮。」護理師有些不好意思地說：「阿嬤，我才三十五歲耶，年輕這麼多，怎麼能這樣比？」

當下，我幾乎是在同一刻回到了那個指著母親鼻子的少女，也彷彿回到那個大聲和她說話的場景：「妳為什麼老是要用打壓我的方式來討好外人，我真的很討厭妳！妳是天下最可恨的媽媽。」

還好一下子就回過神來，我讓自己靜下來兩分鐘，然後下了一個決定，打電話到護理之家找母親聽電話，電話拿到了她手裡，我用很平和卻認真的口氣一個字一個字對老太太說：「媽，我剛看到影片了，妳的氣色真不錯，但是我有件事要跟您說。」「妳說，妳說！」母親心情聽起來不錯。

我向她說了影片裡她向護理師表達好感的方式，接著告訴她，「請您不要再用這樣的方式來對待我！我從小到大被您用這樣的方式對待，但心裡其實受到很大的傷害，我希望您能明白。以前我小，只能用言語和態度對抗的方式和您相對，現在我學佛了，知道對您不應該用忤逆的口氣應對，但是也希望您能尊重我，不要再用這樣踐踏女兒的方式來討好外人，現在的我聽了依舊覺得很受傷，所以我必須告訴您。自您病後，我一直無怨無悔地照顧您，我相信您應該感覺得到。如果您還是又回到以前的方式，您就是持續在傷害我，希望您能停止對我的霸凌。否則我也不知道要怎麼繼續孝順您？」

我一口氣說完，電話那一頭，媽媽只靜音了幾秒鐘便不斷地對我說：「好的，我知道了。以後不會了，我知道了。」最後我又閒聊了幾句，關心她上周的狀況，這才掛上電話。

隨後我對自己深深做了道歉，擁抱了那個心裡充滿哀傷與恨意的少女。「真的對不起！以前的我無知又懦弱，沒能保護好妳，讓妳受到許多傷害，希望妳能擦乾眼淚，好好陪我到老，我們要用更慈悲的心來面對今生結緣的人。」

然後我念誦了綠度母心咒，迴向給母親還有那個少年的自己。

我把這件事寫出來，不是為了抱怨母親，而是再度提醒自己時時觀照自己的內心，關於拜懺，也包括了疏忽對自己心的守護。

人的一生都有不同學習的階段，一次大清理，清掉了那些沉在心底的臭泥，其實現在的我對自己的生命存在是有自信的，也才能相信母親對我的愛其實是毋庸置疑，只是用錯了方法，也才能有更清靜的心來為大家服務。這是我的佛子行。

解冤偈

解結解結解冤結。
解了多生冤和業。
洗心滌慮發虔誠。
今對佛前求解結。
藥師佛。藥師佛。
消災延壽藥師佛。
隨心滿願藥師佛。

她是我女兒

帶母親初診復健科，這是神經內科的醫生給我們的新建議，徵求老太太同意後，就決定在她日常的就診安排上再多開一個新的門診。

父親還在世時，母親就一直有膝關節炎的毛病，但那時她還能行走自如，可以獨自去看骨科門診，接受玻尿酸施打的治療。老家離小院子很近，平日裡她也都在東門市場買菜，採購完畢還能拖著菜籃車到小院子來坐一會兒，喝杯水，又自己徒步回家。

而她整個身體健康是跟著父親的離去而坍塌的，同時這個崩壞還連同她原本的世界。之後隨著失智症的反覆，突然就舉步維艱，去年暑假她就完全不能自立的站立和行走。但是，神經內科的主治醫生告訴我：「阿嬤，她只是忘記了怎麼站和走。」直到此時，我才發現我對失智症的知識是那麼的淺薄。

母親住進護理之家後，我替她就近換了醫院和醫生，運氣很好，年輕的醫生據說來自台北市裡的大醫院，看診很細心，又有積極度的熱情，幾個月前，她替母親換了藥，不但帕金森症手抖的現象減緩了許多，母親和我的對話也清晰了不少。日前醫生說：「我們來試試，希望藉由練習能讓阿嬤恢復自己的行動能力。」所以開了復健科的診。

復健科的醫生是一位有年紀的女性，她十分和善的與老太太聊天，最後問道：「這是誰（她指著我），您有幾個孩子呀？」母親竟然清晰的回答：「這是我女兒啊！我只有這一個寶貝啊，重點是她比十個兒子還有用喔！」母親呵呵地口齒清晰的笑著對醫生說。醫生看了我一眼，回了很妙的一句話：「我相信即使你有其他子女，應該還是這個女兒照顧您的。」我站在她的輪椅後面，卻是紅了眼眶。

藥師佛十二大願之七：

願我來世。得菩提時。若諸有情。眾病逼切。無救無歸。無醫無藥。無親無家。貧窮多苦。我之名號。一經其耳。眾病悉除。身心安樂。家屬資具。悉皆豐足。乃至證得無上菩提。

愛的代價

每週兒子的休假一訂下來，我就趕快替阿嬤向護理之家請假準備外出，再安排方便輪椅可以直接上下的車子，然後就是為了老人家回來吃飯，我需要有一個起早的清晨，趕著去市場買菜，然後熬高湯煮粥，在熟悉的攤子上採買，不用擔心食材的質量，這是搬進小院子後，多年來在傳統市場進出換來的好交情，早已不是客人與商家的買賣，老朋友般的情誼在日積月累裡成了彼此的對待和關照。

「老太太今天要來喔？」菜攤小陳看到我手拎大包小包的便開口問道。「是啊！」我晃了晃手上的提袋。「阿姊，這個給老太太吃！

我自己煮的喔」他遞給我兩包水煮花生。我正在掏錢，他搖搖手：「不用不用，希望阿嬤一切平安健康。」我趕緊彎腰謝了又謝，感恩不已，這樣的純粹的情誼真是千金難買的珍貴。

我十九歲隨家人遷居台北後，一般居家日子都不出這個活動範圍。幾年前母親腳力還行身體也還健康時，她平日買菜也都在東門市場，有些攤子和我家都已是幾代的朋友，有時經過肉攤和魚販處，偶爾他們還會像鬥嘴似的抱怨：「妳都不來買肉了，也要為媽媽和孩子採購呀！」我總是傻笑回應，但是知道從來不影響交情，這就是人與人之間一種真心的關懷，沉澱下來的交流只會更香更濃。

那天天氣很好，老太太準時在十一點半進了院子，我灶上爐火正旺，便讓兒子在院子陪外婆曬曬太陽，吹吹暖風。狗兒幼年時一直跟著爸媽生活，是父親的心頭肉。直到父親離世後才與母親相依。年初老太太去了護理之家後，只得加入我與眾貓兒弟妹一起居家過日子。再看到阿嬤，牠很興奮，老太太喚牠：「Rose，Rose，妳想阿嬤嗎？」牠在旁邊向母親撒嬌，我心裡當下只有一個感受——就是升起對諸佛無上的感恩，一切，一切我生命裡所有的悲喜，都靜止在心中盛開的那朵蓮上。我雙腳踏在極樂之境上。

「我幫您熬了瘦肉十錦蔬菜粥，同時剛剛已盛上放涼，現在的溫度正好入口，咱們吃飯囉！」飯菜上桌後，我去院子喚祖孫二人進屋吃飯，母親聽了我的話，像孩子般的向我豎起大拇指比了個讚。「這碗粥配著替您蒸的魚，要好好吃完，就獎勵一塊甜糕（母親喜食客家甜粿），還有半個冰淇淋。」聽完我的話，老太太眼睛亮起來，開心的笑了。

母親按約定吃完滿滿一碗濃稠的粥，為了讓她再食一口魚，我逗她：「讓金孫餵妳，肯定還吃得下。」兒子從我手裡接過阿嬤的碗，果真嚷著吃飽了的外婆又多吃了兩口。我按下快門的當下簡直不敢想像那個精神雲遊了一年多的媽媽，就這樣回到了我們身邊。

成為佛子的因緣

兩年前，我得了肺部急症，連和老太太辭行的時間都沒有，就被插管送進了加護病房，整整無法通音訊的相隔二十多天，那時她的失智不明顯還在初期，腳也可以撐著拐杖慢步走，但因怕她被我插管的模樣嚇到，我始終寫字條給孩子，要他千萬要攔住老人家到醫院來探視。三個多禮拜的時間聽說老太太心急如焚，每日纏著外孫打聽我的病況。

還記得我拔管當日，喉嚨因有傷，仍發不太出來聲音，張口後聲線低沉又沙啞，但我還是給母親打了個電話，她在電話裡用我的乳名喚我：「福福！福福！」我勉強應了一聲就在病床上大哭起來，那天誰也沒再攔著我，讓我哭了個夠。先前在這場病程裡我沒掉過一滴淚，那天是唯一的一次。這才發現，我的恐懼一直不是擔心自己會離開人世，而是害怕我有個萬一，母親怎麼度過餘生？

後來才察覺母親這一生是來度我修行的，我的法緣升起來自多年前她的罹癌，為了替媽媽祈福成就了我成為佛子的因緣。然後一路上的磨練，媽媽始終扮演著最關鍵的腳色。感恩諸佛帶領！

當接媽媽回護理之家的車子到達時，老太太向發布命令般的對我們說：「我下禮拜再來！」並揮了揮手。

「下禮拜一定要來喔！女兒再給您換口味兒做菜。」我順著她的話，把她送上了車。上車前我還向母親撒了一下嬌，把臉湊過去，讓阿嬤賞了一個吻。這個親吻晚了幾十年（小時候我處事總有自己意見，常常只有挨打的份），現在終於等到了，這是愛的代價。

《慈悲三昧水懺》

八萬四千諸塵勞門。然其罪相雖復無量。大而為語。不出有三。一者煩惱。二者是業。三者是果報。此三種法。能障聖道。及以人天勝妙好事。是故經中目為三障。所以諸佛菩薩。教作方便。懺悔除滅。此三障滅。則六根十惡。乃至八萬四千諸塵勞門皆悉清淨。

Chapter 7
大圓滿

當我成為一位真正的佛子，慢慢真正明瞭世間無常故苦。順遂變成困逆，固然是無常，禍厄轉為幸福，也是無常。

那些狹路相逢的

佛教經典《阿含經》說：「積聚終銷散，崇高必墮落，合會要當離，有生無不死。」而「景物依舊，人事已非」，是一般人對無常的感嘆。其實，世間一切有為法都是因緣和合而生起，因緣所生的諸法，經歷了和父母關係的一番周折，我在起伏的生命歷程學習中經典上的道理，一一自己驗證，又因為解行並用，原本還心存疑惑之處，竟然就在匍匐前進的槍林彈雨中，了了分明起來。

我突然想起奶奶，想起她過世的那一天早上，那天是三二九青年節，學校放假，我整天在醫院裡陪著她，推著輪椅和她在花園裡嬉鬧，還和她擠在一起吃西瓜，奶奶開心得不得了，摟著我又親又抱，因為第二天就要出院了，她對我說：「福福！妳是奶的心肝寶貝，我要看著妳成家喔。」那天，爺爺替我們照了好多照片，我直到天黑了才回家，說好了隔天一早就去接她出院。誰都沒有想到，當晚十一點多，她的腦血管再次破裂，還來不及兌現和她的約定，她就這樣離開了我。後來，大人們說，這叫迴光返照，當時我不明白那是什麼？

這是我第一次和無常的狹路相逢，帶給我的震撼如同第一次在軍訓課上，嘗試做實彈射擊一般，射擊的後座力幾乎震飛了我。病床空了，奶奶沒有回家，她去了一個我觸摸不到的世界。

很多年之後，當我成為一位真正的佛子，慢慢真正明瞭世間無常故苦。順遂變成困逆，固然是無常，禍厄轉為幸福，也是無常。因此，無常不是消極的。這中間經過許多的路程，後來也明白所謂「泰山崩於前而色不改，麋鹿奔於左而目不瞬」，都是練心而來。

當母親的狀態似乎陷入絕境時，我也從未放棄與喪志，而當一切似乎平安無事時，我再也不會得意忘形，這些都是我的長輩們用她們的肉身，在世間的短暫旅程裡教會我的事。之於此，除了感恩，再無他想。

當母親看似好轉的當下，我沒有特別開心，也沒有鬆懈下來，誰都不知道生命裡，那些虎視眈眈的是什麼樣的洪水猛獸？果真才經過兩個月看似平安的日子裡，平地又起風波。

和母親同住時，我一直有自己的小心翼翼，每天很用心地變著花樣給母親做飯，當時也用了政府推廣的長照2.0合作，每天上午和下午都會有照護人員到家裡來陪伴母親，替她熱飯、下樓散步、替她洗澡。有長照政策的幫忙，和前一段時間相比，我沉重的負擔得到了些許紓解。只是慢慢地發現，老太太又有了新的情況。

母親晚年，常常會翻起她年輕時嫁到張家後那些沉在心底一直沒有釋放掉的怨氣，幾乎是反反覆覆的每天要說上好幾遍，通常都是在飯桌上，說著說著就會忘形開始數落張家的祖宗八代，連帶數落我這個碰巧回家的倒楣鬼。父親通常都是不言語，隨便她講，吃飽後丟下飯碗逕自走開，但他的淡漠反而激起了母親更大的怒氣，只有在桌前的我被迫全盤接收忍受著。

不知為什麼母親在經歷了兩次劫難稍加喘息後，性子竟又回到了那個時候，只是爸爸已經不在了，她只能說給我聽，一遍遍地罵，不停地說。可是當姑媽或是叔叔來與探望她，聊起往事時，她又一副好大嫂的形象，甚至卑躬屈膝地討好他們。但是他們一走，她馬上開始在背後不斷的咒罵。這樣人前人後不一的情況，讓我很反感，我若出口相勸請她不要一直緊抓著這些負面能量不放，她會指著我的鼻子說：「怎麼樣？妳是我女兒，妳活該就要受。」

那段時間，我非常痛苦。兒子卻在此刻提出了一個讓我心碎的請求：「請妳允許我搬出去住，家裡的這個氣氛我實在受不了了。」當下，我聽到時如同五雷轟頂，因為他是我唯一的慰藉，儘管我在心裡無數次的對他喊話：「你真的要這樣丟下我，讓我一個人面對阿嬤？」但很快的，我想起了當年自己急著出嫁想要離家的心情，正是想逃離爸爸和爺爺之間的違和。就這樣，我用同理心支持了他搬出去的選擇。

接著，母親的失智症症狀，如決堤洪水般，排山倒海而來。突然有一天她告訴我她不能走路了，當下，我叫了救護車送去急診，兒子也從他居住的地方趕到醫院會合。醫生說：「她只是忘記怎麼走路了。」因為有許多失智症老人會手舉在空中就停在那兒不動了，因為他們想不起來原本是要穿衣服。

母親忘記怎麼走路，讓我知道下一波的大浪就要來了……。

從那次開始，我平均一個星期要帶著母親跑三次急診室，因為突發狀況實在太多。我對照顧失智症患者的知識有限，只能一次次地向外求救。有時候，白天來家裡陪伴的看護員要下班了，可是我因為公司的事還沒忙完，會讓母親獨自在家一小時。而這樣短暫的空檔，在我趕回家後，會發現母親從輪椅上滑落癱坐在了地板上，甚至自己脫去了褲子，光著屁股坐在客廳的沙發上……

每次看到這樣的情況都會讓我感到絕望，因為我發現自己無論多麼使力，都無法獨自撐起母親，那種絕望幾乎把我推向深淵。

尤其是當母親第一次自己脫下了復健褲，我受了很大的驚嚇，因為地上會有糞便與尿液橫流。這場景讓我終於警醒，告訴自己必須面對真相——這條路走到了關卡上，我再也沒有能力能獨自照顧母親了。

母親還健康時，母女倆無數次討論過類似的話題，我的姑爹已是失智症的先行者，一雙兒女都在國外，姑媽年紀大了，沒有能力照顧姑爹，就先住進了安養院。當時母親就對我說：「我老了，妳不要送我去喔，我要住在家裡。」我當時還要她不要多想，女兒當然會照護她終老，但現在的我，卻無法兌現當初的承諾。

由於母親個性外向，是個非常喜歡熱鬧並熱心公益的人，從年輕時在中興新村到搬來台北，她都能和左鄰右舍相熟，尤其在台北的水泥叢林中，她還能如此真是不容易。但自從她行動不便後，很難自己外出，減少了去市場探望相熟的攤商朋友們，而偏偏我私底下的性格比較像寡言的父親，很難和她熱絡互動對失智初期的患者來說，並不是好事。就算有照護員到府陪伴，互動也很單調，醫生曾告誡我，盡可能要讓環境有些改善，否則沒有較多的人際互動刺激，母親的腦部會退化得很快。

這一段時間兒子也很辛苦，雖然他不住家裏，但每次半夜接到我跑急診的電話，他也是立刻爬起來趕到醫院和我會合。母親的狀況讓我們母子倆都不免疲憊，於是經過深思，我又和兒子做了討論，決定去詢問父親當年住的護理之家，只是現在已是一位難求，只能等待。兩個月後，因為有住民轉出，我突然接到護理之家來電詢問，因為候補的人很多，是否願意立刻讓母親搬進去住？儘管我殷切盼望這個機會能盡快到來，但當這一刻來到眼前時，我卻猶豫了，因為那時離農曆年沒幾天，這意味著母親沒辦法在家過年了，再加上當時礙於疫情規定，新住民搬進去需要隔離一個月，不准探訪，好杜絕與外界接觸減少細菌帶源。再加上剛好那幾天母親昏睡的時間很多，我擔心有一天她清醒了，發現身處在陌生的地方，會害怕……。

這時，兒子把我從這些擔心中拖出來，他說：「媽咪！不要再猶豫了，我覺得送阿嬤去護理之家是為了讓她得到更好的照顧，請不要用道德觀來綁架自己。而且現在阿嬤每天昏昏沉沉，也搞不清楚日子，哪有什麼過年的問題？您不要自己多想，若是機會又錯過了，不知還要等多久？那天我請假陪你們一起去。好嗎？」兒子在情感上總是比我冷靜。就在年前的最後一個上班日，我們和護理之家約好了入住時間，前一晚我在觀音菩薩前大哭，請菩薩能讓這一場安排一切無礙。

說也奇怪！母親要搬去護理之家當天，她醒得很早，我到房間時，她眼睛亮晶晶的看著我。我告訴她煮了她喜歡的粥，老太太開開心心到飯桌前坐下來，把早餐吃了個精光。然後我告訴她：「我們等一會兒一起到爸爸以前住的護理之家去參觀並住幾天好嗎？因為那裏專業的護理師和護工比較多也比較熱鬧，我想您得到比較好的照顧！如果您不喜歡，我們就回家。」

「好！」母親一反常態地順從點頭。真是菩薩保佑一切無礙！我們到達時我先去填寫一堆入住表格和完成用印簽約，我請兒子和工作人員一起陪同母親去參觀設備和居住的環境。然後母親看著我問：「妳不一起來嗎？」我蹲下來哄著她：「我一會兒就去找您，阿棋（我兒子）先陪著您好嗎？」她又點點頭，沒再多說什麼，當我一張張的文件仔細閱讀又完成了所有手續後，心想最艱難的時刻要到來了，我不知怎麼去面對馬上到來的分離？這時兒子獨自走了過來。「阿嬤呢？」我趕緊詢問。「阿嬤上床睡覺了！因為她說有點累，護理師就問阿嬤上床休息好嗎？她就上床躺下，兩分鐘就打鼾了。」

我很難形容當下的心情，因為心裡知道這絕不是巧合，感謝諸佛菩薩慈悲，在這個當口，祂們給了我們母女最大的祝福。當晚我還和醒了的母親通了電話：「您都好嗎？吃飯了沒？好不好吃？」我著急的趕緊問。「還不錯啊！某某護工對我好好喔！妳再來時，幫我買些巧克力糖來，我想請大家吃……」那個善於做公關的母親回來了，我終於鬆了一口氣。後來回了趟小院子，跪在觀音菩薩壇城前，向菩薩叩首謝恩，並當場發了一個願，就是希望能追隨藥師琉璃光如來的十二大願，尤以第七先行「願我來世。得菩提時。若諸有情。眾病逼切。無救無歸。無醫無藥。無親無家。貧窮多苦。我之名號。一經其耳。眾病悉除。身心安樂。家屬資具。悉皆豐足。乃至證得無上菩提。」這也是小院子開始推廣藥師佛遍滿計畫的由來。

母親在護理之家被照顧得很好，雖然管吃管住，但是我還是每周都會做菜和煲湯在探視時送去給她，一方面，希望她因為嚐到了家裡的味道能感覺到我們對她的關愛，不會有被遺棄的感受。這期間又經歷了非典型肺炎，因為防疫政策，暫停家屬探視。而我只能透過視訊，或是到現場隔著玻璃門舉大字報寫著：「我愛您！」「您是我的心肝寶貝！」母親門內跟我揮著手，站在門外的我，彷佛回到六歲時的我，只是當年的淚水被甜美的笑容取代「母親！我愛您」我聽到那個小女孩大聲的說。

母親住進護理之家已經邁向第四年，我仍維持著一周一次探訪，期間也持續陪伴她回診神經內科。最近一次回診，醫生驚訝地發現，母親的失智情況不但沒有再退化，竟然還進步了不少，從醫學角度來看有些不可思議。我告訴母親，我發了藥師佛遍滿的願，希望在病苦中的朋友都能像她一樣，接受到最好的祝福。

這本書初寫之時，原是用和解角度書寫，但在重新回顧過往時，我發現，這歷程沒有太多教條和說理，**凡事從慈愛的角度來看，愛能穿越生死，不用放在天秤上來計較付出與所得，就可以讓所有的冰川與刀山化於無形了。**

我的兒子曾問我：「母親，您覺得我們相像嗎？」我說：「一半像，一半不像。」他問：「為什麼？我以為妳會說我們很像。」我告訴他，我們會如此相愛，就是我們的生命裡一半放著那個愛著的對方，另一半還有放著自己的空間保留，這樣的分配剛剛好，我們的愛是自由飛翔的。

兒子的心聲

宋子祺

在我一路的成長過程中，看到的母親與外婆是很截然不同的兩代女子。

幼年時期，曾有一段對外婆感到驚悚的事件——那時我還在幼稚園讀大班，偶爾會隨母親回外婆家過夜。有一次，外婆在早餐後，逼我進廁所坐在馬桶上大號，並規定沒有大出來就不能下馬桶。但沒有絲毫沒便意的我，痛苦地坐了一陣子後，便大聲向母親求救。而我就在馬桶上聽到外婆與母親爭執，因為外婆堅持要訓練我養成在固定時間排便的習慣，以後上小學才會方便。當時最後，是由外公強行將我從廁所解救出來。

這件事對我來說根本是童年的惡夢，日後偶爾會聽到母親說外婆的控制欲，也讓我難想像母親的成長過程是怎麼熬過來的。

外婆是一位在街坊鄰居口裡人人稱讚的婦女，她對我也是十分疼愛，雖然，她給出的照顧不見得是能讓我消受的。而我媽則一直是一個非常開明且理性的母親，只是若踩到了她的原則底線，發起脾氣時也是非常的火爆，但我想那種火爆都是防衛機制而已，因為我知道我媽在面對家人時，其實是心軟及脆弱的。

約莫青春期後，我就變得不太愛回外婆家，因為外婆家的氛圍會讓人有待不住的壓力。其實我也知道母親很不愛回去，但發現有我在時，母親在外婆家會放鬆一點。看著母親跟外婆相處的過程中，我愈發明白母親說的往事都極為準確真實。我最不喜歡外婆的地方，就是對外人永遠比對自己人的態度好，每次看著她對外人和藹可親又看著對自己家裡人指指點點，都讓我對她起了很大的反感。

我看到的母親一直與外婆對抗，對抗的過程非常受折磨。尤其在外婆生病後，每況愈下，我問過母親很多次，「血緣真的這麼重要嗎？她那麼的不講理，用這麼可惡的方式來對您，為什麼要這樣忍受著？」。母親總是苦笑說：「她畢竟是我媽呀！」或許是世代不同，我實在無法忍受即使是親人卻互相折磨。

身為母親跟外婆一路走來的貼身旁觀者，說真的我經常覺得害怕，而且害怕到我根本不想插手，因為我知道她們彼此幾乎到了互相憎恨的地步，各自有滿腹的委屈。但是這幾年，我看到母親投入信仰後，她們的關係慢慢產生變化——那股仇恨不見了。當有一方改變時，很多事情便開始迎刃而解。我認為母親很偉大，因為我始終無法真的去喜歡外婆，對我來說，她一直在欺負我親愛的母親，但我看到母親做到了真正的改變，她開始能重新的釋懷、包容到示愛，還每天做飯給外婆吃、每天哄外婆說很想她、會說愛她……這讓我覺得太不可思議，我問過母親：「您怎麼做到的？」她都笑著說：「我當菩薩的學生，菩薩教會我的。」

我不是因為她們和好了而開心，而是我媽活得比以前更有智慧且自在。對我來說，母親開心比什麼都重要。她總是對我說：「媽媽要謝謝你，你總是給了我最大的安慰。」

我對母親最大的期盼是希望她在未來的日子，心裡能更平安與寧靜，身體要能愈來愈健康，因為她教會我什麼是菩提道，希望她能在這條路上走得更久更遠。母親用自己的力量拯救了自己，也希望她能完成心願，就是藉由過往的經歷幫助到更多有經歷類似困境的朋友。

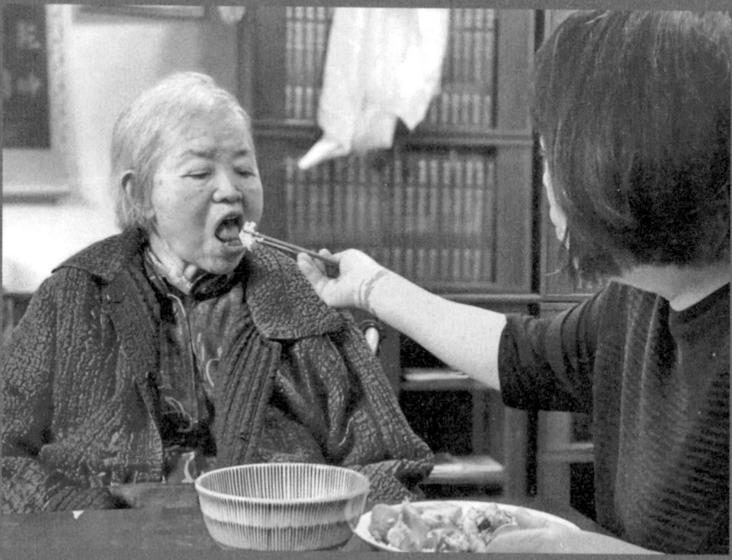

後記

那些原本以為別人辜負我的委屈，了解了真相是其中還有自己的造做摻雜後的成就，這時恨就走了，而我懺悔「往昔」。

往昔所造的省思

朋友在線上向我討個建議。

有個與家人間的相處問題，困擾著她無法釋懷，透過簡短的文字都可以感覺到她因為氣憤而傳遞過來的負能量，可見這一場不太平對她自己本人的身體有多大的不良影響。

我給了一點不同角度的看法給她參考，她告訴我聽懂了，但還是不能釋懷（她一直抓著親戚不懂人情世故的無理態度，不放過自己）。說要再找個時間談談，我最後告訴她：「不能釋懷是自己非要爭個是非黑白，這妳要想一想是不是自討苦吃？問題還是在自己的（因為覺得討個公道比不生氣重要）。我不禁問，如果不投緣，又因為是姻親才把大家圈在一起，古人說我們講趨吉避凶，避都來不及了，為什麼要纏呢？（我講的是自己的情緒和心念）

人和人之間，價值觀不同很正常，也是常有的事，有時候換位思考是有必要的。「不計較」，其實是放過自己，而不是給人恩惠，往廣義的方向看這才是正解。如果「不要生氣」比「論斷對錯」重要，那麼怎麼選擇就是自己的智慧判斷。

中國人有句話「宰相肚裡能撐船」，不是沒有道理的，這個意涵不只是涵養，也包括對自己和對他人的慈悲。如果想要真正成為一個修行人，一定要時時提醒自己，要覺察的是自己的行住坐臥，而不是老看著別人的過錯，還要帶著批判與指責與之連結，那麼等於自己糾纏著這段緣分，又因為共享，而讓惡緣形成，自己竟還是其中一個始作俑者。

我最後告訴她：「當一份緣不順時，就要讓接觸的機會更淡薄才是。」

我們沒有能力改變外境，只能修正自己。「自我的執著」才是阻擋修行人精進最大的困境。唯有改變自己才會有坦途。所以不要談別人，而是要觀自己。

改變生命的惡習就是修行

許多來諮詢意見的朋友，常常在一席討論後，告訴我：「老師，我懂了，可是我做不到。」我總是大笑：「那就是自己要做的選擇喔，一是因為做不到，所以直接放棄，生命歷程繼續受苦。二是起初做不到，要做到的目標，一次做不到，再做，兩次做不到，再做⋯⋯，直到做到改掉惡習，生命的新路就展開了。這就是修行。

以我自己為例，近幾年來我對自己生命中很大的一個挫敗做了很深的觀照與覺察，那就是此生我對男女情感上的創傷歷程。「渣男吸鐵石」是我自走出婚姻後對自己戲謔取的稱呼。

以一般世俗的角度，我一直在追尋那個孽緣形成的起源點，也就是說自花樣年華起我到底為什麼在眾多追求者中間，老是只被渣男吸引？這一點，長久以來除了自己疑惑外，我的父母、至親的朋友、甚至兒子（他總說我媽一談戀愛就會變得很白癡）都感到不可思議。

一開始從表面上看我認為業力爆發是主要的原因，但在學佛過程中，不斷思考著佛說因果的問題，我決定從此處探求真相，也希望能藉由學習佛法教導提升智慧，讓自己有資糧能承擔現前的業力。最後我發現問題來自我自幼與父母的關係不睦有很大的關係，我一直是個不接受權威教育帶領的孩子（也是俗稱的叛逆），所以那一代的父母常會用打罵方式來訓斥不願順服自己的孩子，我的性格天生又很剛硬，因此斷定他們對我的是嫌棄，所以長大後和他們的相處一直抱著很疏離的態度。

原生家庭是我來到世上學習人與人之間相愛與信任的第一站，但那時我的父母和我在這一門課上都是不及格的學生（因為他們也沒有試著了解自己的孩子），這相對影響了我自組家庭與戀愛對象的選擇。因為在與親密家人的互動上，我有著很大的不安全感，所以我在情感流露上一直被動又保守（很多不熟的朋友認為我是很冷漠的人），加上傳統家庭對女性的教育上一向以不發表意見就是好女孩子的價值觀來培育女兒，造成了我內心非常衝突的人格成長。

而渣男願意說雙倍的甜言蜜語來取悅自己（不像來自我原生家庭滿嘴對我的責備），而交往初期他們更願意用雙倍單向討好的方式來做表面功夫（因為沒打算要負責任）。而我因為自己內心的黑洞，很容易因此被吸引，而忽略了真實生活中的常態或是非常態的差別，更因為雙眼迷濛選擇做飛蛾撲火的事，而忽略了再也清楚不過的事實，比如說承諾的失信，責任的逃避等等（當所有愛我的人都告誡不可為時，自己還是執意跟隨，因為貪愛的慾望讓我看不見真相）。

我對男女間情感的成熟度知曉的很晚，當理解了激情的保鮮期其實很短暫，知道真正的緣分不會因為怕失去關係，而需要委屈求全。慢慢知道緣分的深淺是需要經歷無條件的愛付出的過程，才能看見真愛的樣貌。然後因為學佛，我理解了眾生平等是和諧的源頭，進而懂得換位思考。

真相非只是眼見為憑

我和父母的和解，在他們人生旅程所剩下最後幾哩路上相繼完成，當他們年老需要我照顧時，我們互相都願意放下猜測，直接說出了心中對彼此不同的想法，進而取得相互間的理解，然後協調修正到雙方都可以接受的方式共處（以往我們只是直接放棄溝通，堅持己見）。而有一方開始放棄對立，真正的光亮大道才展開。

然後透過內觀，更清楚真相非只是眼見為憑，有時候對方只是用錯了方法表現，而更多時候糖衣砲彈則需要用自己不貪求的心來檢視，真偽必能現形分別。那些原本以為別人辜負我的，和滿肚子的委屈，就了解了真相是還有自己的造做摻雜後的成就，這時恨就走了，而我懺悔「往昔」。

很多初接觸佛法的朋友問我要從何處下手精進？要念什麼經能快速成就？「老實學佛！」這是不二道理。佛說的因果論與眾生平等，這是基礎，先搞清楚其真正的意涵很重要。所有基點談得都不外乎此。

現代人很幸運，網路上很方便就能搜尋到高僧大德們針對此的開示或是講法。有緣與佛法相遇，要用在自己的修身上，唯有願意改變自己，生命道路才會有坦途。所以不要談別人，而是要觀自己。不必去降伏一切的外境，若能降伏自己，外境就改變了。

我的冤家我的親

作者 張慰慈
主編 林正文
行銷企劃 鄭家謙
校對 林秋芬
封面設計 Meja Chiang
內頁排版 江麗姿
插畫 黃耀庭
董事長 趙政岷
出版者 時報文化出版企業股份有限公司
一〇八〇一九 臺北市和平西路三段二四〇號四樓
發行專線 （〇二）二三〇六六八四二
讀者服務專線 〇八〇〇二三一七〇五・（〇二）二三〇四七一〇三
讀者服務傳真 （〇二）二三〇四六八五八
郵撥 一九三四四七二四 時報文化出版公司
信箱 一〇八九九 臺北華江橋郵局第99信箱
時報悅讀網 www.readingtimes.com.tw
法律顧問 理律法律事務所陳長文律師、李念祖律師
印刷 勁達印刷有限公司
一版一刷 二〇二四年五月三日
定價 新台幣三二〇元

時報文化出版公司成立於一九七五年，
並於一九九九年股票上櫃公開發行，於二〇〇八年脫離中時集團非屬旺中，
以「尊重智慧與創意的文化事業」為信念。

我的冤家我的親 / 張慰慈著 . -- 一版 . -- 臺北市 : 時報文化出版企業股份有限公司 , 2024.05
面 ; 公分

ISBN 978-626-396-205-7(平裝)
1.CST: 家庭關係 2.CST: 親子關係 3.CST: 通俗作品

544.1 113005184

ISBN 978-626-396-205-7
Printed in Taiwan